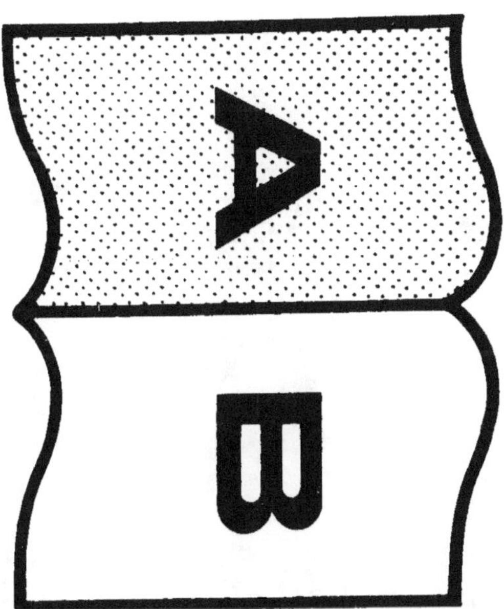

Contraste insuffisant
NF Z 43-120-14

L'ENTREE

DE

LA REYNE

MERE DV ROY

TRES-CHRESTIEN

DANS LES VILLES

DES PAYS BAS.

A ANVERS, EN L'IMPRIMERIE PLANTINIENNE DE BALTHASAR MORETVS, M.DC.XXXII.

Reyne, dont les grandeurs vous rendent sans seconde,   Non pas en qualité de Mère de trois Roys,
Le Ciel assuietit la Terre sous vos Loix;   Mais pour estre en vertu la merueille du Monde.

A LA REYNE MERE DV ROY.

MADAME,

Ie deuois cette Hiſtoire à la Poſterité, pour faire voir aux ſiecles à venir que vous auez eſté l'ornement du voſtre ; mais d'vne façon ſi vnique, que ie leur laiſſe le deffy de repreſenter à nos nepueux vne Reyne qui vous reſſemble. La Memoire a beau ranimer les cendres de toutes ces femmes illuſtres, dont les Poëtes ont chan-té ſi hautement & le merite & la Vertu, pour les faire reuiure en deſpit de la mort.

*4   Voſtre

Voſtre berceau ſert de ſepulture à leur renommée, puis qu'en naiſſant Vous nous
auez fait voir qu'il n'y auoit rien d'im-
mortel en voſtre ſexe, que les vertus, les
beautez, & les graces, dont le Ciel, à
l'enuy de la Nature, vous auoit ſi richement ornée. Que tous les peuples de la
terre publient donc a l'enuy que vous
eſtes, non pas vne des plus grandes Reynes
du monde, car vos grandeurs n'ont point
de limites, & moins encore vne des plus par-
faites Princeſſes qui fut iamais ; puis que
vos merites tous adorables ne ſcauroient
ſouffrir de comparaiſon qu'auec eux meſmes : mais bien que Vous auez eſté l'vnique Eſpouſe d'Henry le Grand,
& que vous eſtes encore l'heureuſe Mere
de Lovis le Ivste: ou plutoſt, pour
comprendre toute voſtre gloire par voſtre
ſeul nom glorieux, que vous eſtes Marie
de Medicis, puis que c'eſt le nom propre auiourdhuy de tout ce qu'il y a de diuin ſur la terre. C'eſt en ce ſeul langage,
Mada-

MADAME, qu'on doit touſiours parler de
voſtre MAIESTE´; Et c'eſt auſſi ſur ce
meſme ton que ie ſouſtiens hardiment, que
vos malheurs vous erigent tous les iours des
nouueaux thrônes de felicité, puis qu'en
courant le monde vous le conquerez : car
vous auez des douceurs & des graces qui
ſcauent l'art naturellement de deſrober
les cœurs : de ſorte que dans l'Empire d'au-
truy vous vous treuuez touſiours Souuerai-
ne. Ce qui me fait croire, que tous ces pe-
tits diuorces ſe termineront à la fin à cette
ialouſie que mon Roy aura, de vous voir
triompher par amour, de tous les peuples
qu'il euſt peu vaincre par ſes armes. Ce
ſont les penſées & les ſouhaits,

MADAME,

De Voſtre treſ-humble, treſ-obeiſſant,
& treſ-fidelle ſeruiteur

P. de la Serre.

SONNET A L'AVTHEVR
SVR SON HISTOIRE.

I'Ay *veu cette Splendeur que tu nous veux descrire,*
Mais ton liure, la SERRE, *a de si doux attraits,*
Que les originaux cedant à tes portraits,
I'eus bien moins de plaisir à la voir qu'à la lire.

Ta plume, cher amy, que tout le monde admire,
Penetre dans les cœurs auec de si doux traits,
Que voir sans passion les choses que tu fais,
C'est voir vne beauté sans qu'elle nous attire.

*l'*INFANTE *quelque iour, ou le Decret des Cieux*
De l'aspect de la REYNE *aura priué ses yeux,*
Estant par tes escrits subtillement deceüe,

Pensera bien souuent de la voir reuenir;
Et la REYNE *lisant, comme elle fut receüe,*
Croira plutost le voir que de s'en souuenir.

François de Lisola.

LE TRIOMPHE DE L'ENTRÉE DE LA REYNE MERE, ET L'ARRIVÉE
DE SON ALTESSE, DANS LA VILLE DE MONS.

HISTOIRE CVRIEVSE
DE TOVT CE QVI C'EST PASSE'
A L'ENTRE'E
DE
LA REYNE MERE
DV
ROY TRES-CHRESTIEN
DANS
LES VILLES DES PAYS BAS.

IE ne veux point defrober à la pofteri-té, la precieufe memoire des honneurs qu'on a rendus à vne des plus grandes Reynes du monde, à l'entrée des villes des Pays bas. La verité en eft trop bel-le pour demeurer cachée ; & comme mes yeux en ont efté tefmoins, mes ef-crits en feront les trompettes.

Sa Maiefté fut receüe dans la ville d'Auenes, par Mon-fieur le Baron de Creuecœur, en qualité de Gouuerneur, auec toutes les magnificences que fon pouuoir fceut met-tre en œuure : & quoy que le temps & le lieu ne fecond-daffent pas fes defirs, fon bon efprit luy fournit affez de moyens pour s'acquiter dignement d'vn deuoir & fi iufte & fi neceffaire. Il traicta toute la Court trois iours entiers ; mais d'vne façon fi fagement prodigue, que tout y eftoit admirable, dans vn defordre fans confufion.

A

Ie

Ie n'oublieray pas de vous dire, que deſlors que ſa Maieſté fut arriuée en cette ville d'Auenes, tout le peuple d'alentour y accourut en foule, comme au iour d'vne feſte publique, à deſſein de voir cette ſage Princeſſe; & en effect leur enuie eſtoit fort loüable, puis que ſans courre le monde, ils pouuoient contempler en elle ſeule toutes en les merueilles.

Il y eut quelques Dames qui ſe deſguiſerent en bergeres à meſme intention, croyant que cet habit leur donneroit plus de liberté, & moins de contrainte en cette entrepriſe: mais leurs beautez ne furent pas ce coup là aſſez diſcretes; car en exerçant leur empire, elles en firent cognoiſtre la grandeur: & cette cognoiſſance fit autant de curieux, que d'eſclaues, pour s'informer de leur condition. L'accueil que la Reyne leur fit toutefois, les recompenſa prodigalement de la peine qu'elles auoient priſe.

Monſieur le Prince d'Eſpinoy fut ſalüer la Reyne à Auenes, comme Gouuerneur general du Pays de Henault, pour auoir occaſion, en luy rendant ce deuoir, de luy renouueller les proteſtations de l'ancienne ſeruitude, qu'il auoit voüée en ſes ieunes ans à ſa Maieſté, ayant eſté nourri & eſleué aupres du feu Roy: & la ſupplier, par meſme moyen, de venir dans la ville de Monts, capitale de ſon Gouuernement; comme vn lieu dont le ſeiour luy ſeroit & plus agreable, & plus commode.

La Reyne luy teſmoigna le reſſentiment qu'elle auoit de ſa bonne volonté: & apres des remerciemens qui portoient deſia auec eux leur recognoiſſance, elle s'excuſa d'vn ſi prompt depart, ſur le pretexte du long voyage qu'elle venoit de faire; eſtant reſoluë de ſeiourner quelque temps à Auenes; où dés le moment qu'elle fut entrée, Monſieur le Baron de Creuecœur receut la loy d'elle ſeule, auſſi bien que le mot, pour marque de ſa Souueraineté. Monſieur le Baron de Gueſprey porta le premier compliment de la

Reyne

Reyne à son Altesse, pour la remercier des honneurs qu'elle auoit receus dans sa ville d'Auenes. Le chois que sa Maiesté fit de sa personne, est vne preuue surabondante de son merite.

Son Altesse ne manqua pas aussi, deslors qu'elle eut apris les nouuelles de l'arriuée de sa Maiesté, de l'enuoyer visiter par Monsieur le Marquis d'Aytona, Ambassadeur ordinaire, & Seigneur de marque pour son merite, aussi bien que pour sa condition ; auec commandement expres de luy offrir de sa part la mesme puissance, & la mesme authorité qu'elle auoit sur les Pays bas, pour en disposer absolument ; & luy reiterer à toute heure cette priere d'accourcir le terme de son depart, comme attendant, auec impatience, l'honneur de la voir.

Le compliment en fut receu de la Reyne auec beaucoup de satisfaction ; & d'autant plus que la personne, qui le luy faisoit, estoit considerable d'elle mesme ; la ioye qu'elle en eut, parut egalement & sur son visage, & en tous ses discours ; tenant à beaucoup de faueur, celle de la bienueillance dont son Altesse luy donnoit des nouueaux tesmoignages.

Cette premiere visite termina pour quelque peu de temps l'amoureuse dispute de ces deux Princesses, touchant les asseurances reciproques de leur mutuelle affection. Ie dy pour quelque peu de temps, puis que de iour à autre les courriers se rencontroient en chemin, afin d'en rendre continuel le commerce.

La veille du iour du depart de la Reyne, Don Philippe Albert de Velasco, Capitaine de la Compagnie des gensdarmes de son Altesse ; ieune Seigneur, dont la valeur iointe à la beauté du corps, & à la bonté de l'esprit le rendroit vnique & sans pareil, si la nature ne luy eust donné deux freres ; arriua dans la ville d'Auenes auec sa Compagnie, pour en offrir le seruice à sa Maiesté, de la part de l'Infante. Et le lendemain se presentant deuant la Reyne, monté à son aduantage, & armé de toutes pieces à la teste de sa Compagnie, il

A 2

luy

luy fit fon compliment ; apres auoir commandé à fon Cor-
nete de falüer par trois fois fa Maiefté à la Royale, abaiffant
iufques à terre fon eftendart, en paffant deuant elle.

La Reyne tefmoigna dans l'accueil qu'elle luy fit, que
fon merite luy eftoit auffi cognu que fa condition : & les
loüanges publiques qu'elle luy donna, rendirent fes defirs
mefmes mefcognoiffans, quelques zelez qu'ils fuffent, ne
pouuant fouhaiter vn affez grand employ pour fon feruice,
qui euft du rapport à l'honneur qu'il en receuoit. Il fuiuit fa
Maiefté auec fa Compagnie dans la ville de Monts ; où iour
& nuict il y auoit trente genfdarmes de garde à l'entour de
la maifon du Prince, où la Reyne logeoit, fans conter la
Compagnie de gens de pied qui feruoit de nouuelle garde
ordinaire : & toutes les fois que fa Maiefté fortoit hors la ville, la Compagnie de genfdarmes eftoit de fa fuitte.

Apres plufieurs remifes du iour du depart, vne derniere refolution en faict fonner l'heure. Monfieur le Baron de
Creuecœur rendit encore de fi bonne grace les derniers deuoirs à fa Maiefté, qu'elle l'en remercia & de parolle, & en
effect ; luy donnant pour prefent, pluftoft que pour recog-
noiffance, vn riche diamant. Ie ne vous diray pas fon prix,
puifque la main qui le donne, le met hors d'eftime : il me
fuffit de vous ramenteuoir, qu'vne grande Reyne ne faict
iamais de petis prefens.

Sur l'aduis que Monfieur le Prince d'Efpinoy eut de la
venuë de la Reyne dans la ville de Monts, il fit faire commandement à tous les Bourgeois de fortir en armes hors les
portes, pour aller rencontrer en chemin fa Maiefté ; & deux
ou trois heures auant fon arriuée, il monte à cheual, & luy
va au deuant, accompagné de toute la Nobleffe du Pays.
Sans mentir, il faifoit beau voir ce Prince monté à fon aduantage, & paré de fa bonne mine ordinaire, à la tefte de
cent Gentilshommes, tous richement veftus. Il falüa fa
Maiefté pour la feconde fois, luy tefmoignant en particulier

lier la ioye publique, que tout le Pays fe preparoit à celebrer de fon heureufe arriuée; & qu'en ce commun reffentiment d'allegreffe, il y participoit des premiers.

 Quoy que le bon vifage que la Reyne luy fit, fuft affez
capable de le fatisfaire, elle y adioufta les nouueaux remerciemens des faueurs publiques, qu'il luy faifoit efperer. Et
comme on s'aprochoit peu à peu de la ville, fa Maiefté en-
tendit à mefme temps les effects des parolles qu'il luy auoit
tenuës, par le refonnement du bruict de trois à quatre mille coups de moufquets, dont les Bourgeois faluërent pour
la premiere fois fa Maiefté.

 Comme elle fut arriuée à la porte de la ville, Meffieurs
du Magiftrat faluërent fa Maiefté, & vn des Meffieurs des
Penfionnaires de la ville luy fit cette harangue:

„ MADAME,

„ Il faudroit que nos cœurs nous feruiffent de langue, pour
„exprimer dignement la ioye de nos ames en cet heureux
„iour de l'arriuée de voftre Maiefté : parce que la gloire qui
„nous en demeure eft fi grande, que dans noftre filence mef-
„me nos penfées ne fçauroient la reprefenter que confufe-
„ment. Toutesfois cette confufion fera plus eloquente que
„nos difcours, puis qu'auffi bien dans vn tel excez & de con-
„tentement & de bonheur, il ne nous eft permis d'ouurir la
„bouche, que pour affurer voftre Maiefté, que nous fommes
„fes tres-humbles & tres-obeiffans feruiteurs.

 La Reyne receut à faueur les tefmoignages de leur affection & de leur zele en fon endroit, les priant de croire,
qu'elle en conferueroit cherement le fouuenir.

 A ces derniers mots les canons firent leurs harangues, dont
le fens fut plus agreable que le difcours, côme pouffé par vn
organe vn peu trop fort pour contenter l'oreille. Les moufquets en fuitte recommancerent leur mufique, qui ne cef-
fa iufques à ce que les trompettes leur impoferent filence,

A 3

aux

aux aproches de la maiſon du Prince où la Reyne deuoit loger. O qu'il y auoit du plaiſir à voir dans la grande place de Monts, les Bourgeois & les enfans de la ville, en nombre de quatre à cinq mille hommes , tous alarmez d'vn excez de ioye & de contentement, en action de charger, & de tirer ſans ceſſe leurs mouſquets; & ſi ſouuent, qu'on ne pouuoit voir le ſoleil qu'au trauers de mille nuages de fumée!

Les ruës & les feneſtres eſtoient parées de toutes les Dames de la ville, & des lieux aux enuirons; & en leur admiration , le chemin pareſſoit de moitié plus court qu'il n'eſtoit pas.

La nuict de ce iour fut ſans tenebres, comme eſclairée de mille nouueaux iours , dont les feux de ioye eſtoient les ſoleils. Les danſes publiques chaſſerent le ſommeil des yeux du peuple, eſtant touſiours en action, pour teſmoigner ſon allegreſſe. Veritablement Meſſieurs de la ville firent pareſtre dans la petiteſſe de leur pouuoir la grandeur de leur zele , ils ne manquerent pas de preſenter le vin de la ville à ſa Maieſté, teſmoignant par cette derniere action , qu'ils contribuoient tous leurs efforts à celebrer la feſte de ſon arriuée. Ie voudrois auoir des termes aſſez eloquens, pour exprimer les loüanges qu'ils meritent.

Meſſieurs des trois Eſtats furent ſaluër auſſi la Reyne, & chaſque Compagnie auoit vn Chef qui portoit la parolle pour tous enſemble, comme ſi ne pouuant accroiſtre ny leur zele ny leur affection , ils ſe fuſſent mis en peine de treuuer vn artifice pour augmenter le nombre de leurs deuoirs.

Sa Maieſté n'eut pas pluſtoſt faict ſon entrée dans la ville de Monts, qu'elle ſe treuua ſi pleine d'eſtrangers, qu'on cherchoit inutilement vn meſchant giſte, auec beaucoup d'argent. Tout le long du iour la maiſon du Prince eſtoit aſſiegée d'vn nombre infini de Damoiſelles , & de Bourgeoiſes, à deſſein de voir la Reyne; & leur impatience eſtoit

ſi granfi grande en ce defir, que fa Maiefté fe priua d'vn iour de repos, pour contenter leur curiofité, fortant pluftoft qu'elle n'auoit refolu. Et le contentement de la voir leur eftoit fi cher, qu'elles ne s'en pouuoient iamais laffer, ayant remarqué plufieurs fois les mefmes Dames dans le nouueau foing de la reuoir. Ce n'eft pas que ie m'en eftonne; car cette Princeffe porte tant de Maiefté fur fon front, tant de douceur dans fes yeux, & tant de graces fur le refte de fon vifage, que la moindre peut feruir d'entretien ordinaire aux plus beaux efprits.

Monfieur le Duc de Veraguas, Grand d'Efpagne, & en toute forte de qualitez, donna le Bal à Madamoifelle de Montmorency Chanoineffe de Monts, dont la vertu eft auffi cognuë que fa race. Toutes les Chanoineffes fes compagnes s'y firent admirer veftuës à leur aduantage, & parées de mille agreables affeteries, qui rehauffoient l'efclat de leurs beautez crimineles. Ie dy crimineles, puis qu'elles furent conuaincuës d'auoir bleffé les cœurs les plus innocens; tant elles eftoient malicieufes. Les filles de la Reyne y parurent auffi, fans autre ornement que celuy de leurs douceurs, & de leurs graces natureles; dont la puiffance eftoit fi redoutable, qu'elles firent plus d'idolatres, que d'admirateurs.

Toutes les fois que la Reyne fortoit de la maifon du Prince, les plus petites ruës pareffoient des grands marchez, par la foule du peuple, qui en rempliffoit & les chemins & les aduenuës, fans autre deffein que de reuoir encore cette grande Princeffe, comme s'ils auoient defia recognu cette verité, par vne experience fenfible, que fes doux regards reiouiffoient les cœurs, retenant quelque chofe de la vertu du foleil, dont fes beaux yeux font les feules images animées.

Ie n'oublieray pas de vous dire, comme fa Maiefté fut vn iour oüir Vefpres dans l'Eglife des Chanoineffes de Monts, où toutes fe treuuerent veftuës de leurs beaux habits blancs,
dont

dont la façon doucement graue, & maiestueuse, attiroit des
respects, & des submissions des plus orgueilleux. De vous
dire aussi qu'elles portoient des fraises à l'Espagnole, auec
vn voile blanc sur la teste, qui leur couuroit à demy le visage, sçachant bien que la moindre partie auoit autant de
pouuoir que le tout; ie crains que ces ornemens estrangers
ne vous les representent desia trop belles pour vostre repos.
Imaginez vous donc en passant, la perfection de leurs beautez, puis que la blancheur faisoit pareistre si noirs leurs voiles blancs, qu'à peine pouuoit on se persuader qu'ils l'eussent
iamais esté. Mille graces pieuses, & autant d'apas innocens,
animoient egalement, & leurs regards, & leurs actions,
tandis que d'vne voix Angelique ils tentoient puissamment
les esprits de croire que c'estoient en effect des Anges. En verité, ie n'auois iamais veu tant de ieunes merueilles ensemble. Et pour estre trop rauy encore & de ioye & de plaisir en
cette agreable pensée, les termes me manquent pour publier
les loüanges qu'elles meritent. Il me suffit de vous faire sça-
uoir, que la Reyne passa deuotement deux heures de son
temps, auec beaucoup de satisfaction, dans cette belle Egli-
se, s'entretenant apres Vespres auec ces Dames, dont la grandeur de la naissance a quelque raport à celle de leur merite.

 L'heure de souper m'oblige à vous parler des festins.
Monsieur le Prince d'Espinoy deffrayoit toute la Court,
tenant tous les iours vne table de cinquante couuerts, dont
la magnificence estoit le Maistre d'hostel : car sans mentir,
on n'y pouuoit rien adiouster, soit pour la delicatesse, pour
la diuersité, ou pour l'abondance des mets, seruis à quatre
fois auec vn ordre admirable. Et ce qui rendoit encore ces
festins plus delicieux, c'estoit la musique du bruit des san-
tez du Roy, de la Reyne, de son Altesse, & de Monsieur,
qu'on beuuoit continuellement, & beaucoup d'autres de
cette importance, dont ie vous laisse l'enuie apres vous
auoir asseuré que le vin estoit tres-excellent.

Les

Les courriers ce pendant auoient frayé vn nouueau chemin par leurs courses ordinaires depuis Monts iusques à Bruxelles, chargez des seules nouuelles de la santé de ces deux Princesses, dont elles se donnoient tous les iours des reciproques asseurances. Tandis que son Altesse se preparoit de faire elle mesme son message, pour terminer l'impatience qu'elle auoit de voir sa Maiesté; & quoy qu'elle soit desia en chemin, ie vous diray auant qu'elle arriue à la ville, que les portes ne se fermoient iamais, que par commandement de la Reyne, donnant tous les iours le mot à Monsieur le Prince d'Espinoy; ce que vous remarquerez en passant. Mais ne parlons point de fermer les portes, puis que les mulets & les chariots du bagage de la maison de son Altesse y sont desia arriuez pour annoncer sa venuë.

La Reyne suiuie de toute sa Court, & accompagnée de Monsieur le Prince d'Espinoy, & de toute la Noblesse du Pays, va au deuät de son Altesse demi-lieüe hors de la ville. Dom Philipe Albert de Velasco ne manqua pas de s'y treuuer auec toute sa Compagnie de gendarmes, portant chacun auec les escharpes rouges vne isabele, qui marquoit la couleur de sa belle Maistresse. Aux approches des carrosses de ces deux Princesses, son Altesse descend la premiere, & marche quelques pas en auant : & la Reyne ne perd point temps pour l'aller rencontrer, comme elle faict.

Mais en cet abord, l'amour plus puissant que le respect, defend les ceremonies : car sur le point que son Altesse s'abaissoit pour saluër la Reyne plus respectueusement, sa Maiesté la releue auec les efforts de ses embrassemens, dont l'action, quoy que muete, estoit si eloquente pour exprimer en son langage les secrets sentimens d'vne perfaicte affection, qu'elle n'auoit pas besoin d'interprete; leurs caresses reciproques firent les premiers complimens, se treuuant egalement muetes par vn excez de ioye, dont la passion doucement violente leur imposoit silence.

B

Que

Que vous sçaurois ie dire maintenant à la veüe de ces deux grandes Princesses, vnies si estroitement ensemble & d'ame & de corps, auec de nouuelles chaines, toutes d'embrassemens & de baisers ? I'eus ceste saincte pensée de la visitation de Marie & d'Elisabet, & m'entretenant tousiours sur vn obiect si agreable, ie m'imaginay en suite que la Sagesse, & la Pieté, toutes deux descenduës du Ciel en diuerses contrées, s'estoient heureusement rencontrées en ce lieu,& qu'à l'enuy de leur affection mutuelle,elles se faisoient mille caresses. Ie vous laisse cette carriere libre.

Son Altesse recouurant peu à peu la parole,qu'vn extreme contentement luy auoit ostée,asseure la Reyne de cette mesme verité, & luy persuade de croire, que son cœur luy auoit faict sa premiere harangue; n'ayant iamais peu exprimer à son abord, la ioye qu'elle en ressentoit. Ces discours furent suiuis des offres de tout ce qui estoit sous sa puissance, dont elle luy fit dés l'heure mesme le present; mais de si bonne grace,que la Reyne,quoy qu'vne des plus genereuses Princesses du monde,fut ce coup là touchée de l'aprehension de deuenir ingrate, à force d'estre trop puissamment obligée. Elle se reuencha toutefois en quelque façon, de ces tesmoignages de bonne volonté,par des nouuelles asseurances qu'elle luy donna, d'vne parfaite affection en son endroit, & d'vn pareil desir à chercher les occasions pour paruenir vn iour à quelque sorte de recognoissance.

La Reyne remonte dans son carrosse auec l'Infante, & toutes deux ensemble, suiuies chacune de sa Court, font leur entrée dans la ville de Monts, dont les Bourgeois tous en armes, recommencent de celebrer la feste de leur allegresse publique, par le concert d'vne nouuelle musique de mousquets, où les canons faisoient la basse.

Son Altesse fut accompagner sa Maiesté iusques dans la maison du Prince, où elle logeoit, & estant dans sa chambre,

bre,

bre, elle ne voulut iamais s'affoir à cofté de la Reyne, luy
deferant par tout mille honneurs, auec tant d'humilité &
tant de grace, qu'on ne fe pouuoit iamais laffer d'en admirer l'action. Ce fut en ce lieu où toutes les Dames de l'Infante faluërent fa Maiefté. Reprefentez vous le plaifir qu'il
y auoit à voir ces boutons de rofes, à demy efclos, pancher
refpectueufement la tefte iufques à la tige de ce lis Royal:
à voir, dif-ie, toutes ces beautez fouueraines, dont l'Empire
ne peut iamais auoir de limites, profternées aux pieds de
cette grande Reyne, pour en receuoir la loy. I'eus alors
en penfée de voir le foleil dans fon midy, tout entouré de
rayons efclatans, dont le feul reiailliffement de fa propre lumiere, eft le pere : car de mefme toutes ces ieunes Dames
efclatoient en maiefté, par celle que la Reyne leur com-
muniquoit. Tellement qu'en s'abaiffant de la forte, elles
s'efleuoient chacune dans vn trône.

C'eftoit vn nouueau plaifir à voir encore ces mefmes
Dames de l'Infante veftuës à l'Efpagnole, fe mefler con-
fufement parmy les Dames & les filles d'honneur de la
Reyne, pour fe faliier reciproquement. Mais toutes leurs
actions de ciuilité, de refpect & de careffes, eftoient animées
de ialoufie, auffi bien que d'amour : car l'vne paliffoit de
crainte, de voir fes appas vaincus par de plus puiffans charmes; l'autre rougiffoit de honte, d'auoir pretendu à la pom-
me, deuant vne nouuelle Cipris: celle là cachoit fa cholere
fous vne apparance de douceur, ayant admiré par force des
attraits plus redoutables que les fiens ; & celle cy toute
pleine de vanité, n'ayant iamais treuué de miroir qui la
flataft, s'honnoroit elle mefme par le fecret mefpris qu'elle
faifoit de toutes les autres, fans confulter d'autre oracle que
celuy de fon opinion.

A ne mentir point, on euft dict que l'amour tenoit la
foire des douceurs & des graces dans cette chambre; tandis
que les Caualiers defendoient nonchalamment leurs liber-
B 2 tez

tez contre de ſi doux ennemis; & que par vn amoureux artifice de leur imagination , ils gouſtoient ſenſiblement les
appas de toutes ces amoureuſes careſſes, dont ils eſtoient
ſi fort teſmoins.

La Reyne & l'Infante s'entretindrent vn long temps enſemble en cette premiere viſite , comme ſi elles euſſent eu
deſia de la peine à ſe ſeparer ; quoy que ce ne fuſt que de
corps, & par l'interualle d'vne ſeule nuict. Les adieux ſe firent pourtant auec toutes les ceremonies qui ſe pratiquent
en cette ſorte de complimens. Son Alteſſe ſe retira dans le
Palais qu'on luy auoit preparé , & le lendemain elle reuint
voir la Reyne, & diſner auec elle, afin d'eſtre obligée à paſſer tout le reſte de la iournée en ſon doux entretien, comme
elle fit.

Ie m'imagine , qu'il y auoit vn extreme contentement à
voir ſeruir à table ces deux grandes Princeſſes : la Reyne
par ſes Filles d'honneur, & l'Infante par ces ieunes Dames
du Palais. Ce fut alors qu'on euſt peu admirer les Graces
Françoiſes, & les Graces Eſpagnoles , toutes enſemble, &
iuger à quelles apartenoit le prix. Mais il n'eſtoit pas permis aux Caualiers, ie veux dire, aux Paris, d'approcher des
yeux ſeulement, d'vn lieu qui n'auoit rien de profane.

Ce iour fut l'auant-veille du depart de la Reyne : & le
terme qu'on auoit pris eſtant expiré, les deux Cours ſe pre-
parent egalement à ſuiure ces deux Princeſſes à Marimont;
qui eſt vne maiſon de plaiſance apartenant à ſon Alteſſe.

La Reyne teſmoigna auant que partir à Monſieur le
Prince d'Eſpinoy, le ſouuenir qu'elle auoit des agreables
ſeruices dont il l'auoit obligée, l'aſſeurant qu'aux premieres occaſions de s'en reuancher, la recognoiſſance en ſeroit
le remerciement.

Monſieur le Prince d'Eſpinoy, qui ne chercha iamais
d'autre ſatisfaction que celle de bien faire , ſe treuua prodigalement recompenſé de toutes ſes peines, par la peine que

la

la Reyne auoit prise d'ouurir la bouche seulement, pour l'en remercier. Ce qu'il s'efforça de luy persuader par la response qu'il luy fit. Il accompagna encores sa Maiesté & son Altesse à demi-lieüe hors la ville, auec la mesme compagnie de Noblesse qui auoit esté à son entrée, & s'en reuint tout chargé d'honneur, par celuy que la Reyne luy fit, luy renouuellant encore ces asseurances de n'oublier iamais les bons seruices qu'il luy auoit rendus. Vn superbe festin l'attendoit, où il traita somptueusement tous les Gentilshommes du Pays, qui l'auoient accompagné; & tous ensemble beurent si souuent à la santé de la Reyne & de l'Infante, que la leur en fut alterée.

Vous sçaurez, que sa Maiesté & son Altesse coucherent dans le chasteau de Marimont, situé à sept lieües pres de Bruxelles. C'est vn lieu dont le seiour est fort agreable, soit en la beauté des bastimens, ou en la fecondité des eaux, que l'art tient tousiours en reserue, pour les departir egalement à vn grand nombre de fontaines, où il faict admirer le chef d'œuure de son industrie. Ie changeray de discours.

Monsieur le Comte de Noyel, Gouuerneur general de la Duché de Limbourg, & d'autres Pays outre Meuse, & Maistre d'hostel de l'Infante, Seigneur de tres-grande consideration, auoit desia receu commandement expres de son Altesse, d'aller trouuer la Reyne à Auenes, & demeurer tousiours aupres de sa personne, pour donner ordre qu'elle fust seruie selon son contentement. Mais comme il estoit en vne de ses maisons esloignée d'Auenes, il ne peut se rendre aupres de sa Maiesté, quelque diligence qu'il fist, que dans la ville de Monts; où il eut l'honneur de la saluër, demeurant tousiours aupres d'elle, depuis ce temps là, par vn commandement reiteré de l'Infante.

Ce fut luy qui donna l'ordre pour traiter sa Maiesté & son Altesse, auec toute la Court à Marimont; dequoy il s'acquita auec des loüanges publiques.

B 3

Les

Le triomphe de l'Entrée de la REYNE MERE DV ROY TRESCHRESTIEN, accompagnée de SON ALTESSE, dans la Ville de Bruxelles.

Es nouuelles asseurées de l'arriuée de la Reyne à Bruxelles, auoient sommé tous les Seigneurs, & tous les Caualiers, à se tenir prests pour aller au deuant de sa Maiesté. Et Messieurs du Magistrat de la ville furent trouuez tous disposez d'obeir aux commandemens qu'ils auoient receus de l'Infante, pour honnorer l'entrée de la Reyne de toutes les demonstrations d'allegresse, & des tesmoignages de resioüissance qui seroient possibles. Ce qu'ils firent auec autant de zele que de pompe, selon le peu de temps qu'ils auoient pour s'en acquiter.

Sur l'apresdinée de ce grand iour de feste publique, ils firent sortir hors la ville dix Compagnies de Bourgeois superbement vestus, & plus richement armez, en nombre de quatre à cinq mille hommes. Chaque Compagnie commandée en particulier par vn Capitaine, & en general par Messire Charles de Lokinghem, Cheualier Seigneur de Melsbroeck, comme Sergent Maior de la ville. Et cet escadron de dix Compagnies, eut ordre de faire halte à vne lieüe loing dans vne vaste campagne, assise à costé des aduenües par où sa Maiesté deuoit passer.

Les cinq Compagnies des Confrairies, vulgairement appellées Guldes, composées chacune de deux cens Bourgeois, des plus notables, eurent commandement aussi de sortir, & de s'arrester à demi-lieüe plus pres de la ville, comme ils firent en tres-bel ordre.

On mist encore en garde sur les bouleuars de la porte d'Anderlecht, par où sa Maiesté deuoit faire son entrée, trois cens Bourgeois des plus qualifiez. Et ce mesme lieu estoit orné d'vn grãd nombre de canons, qui d'vne bouche tousiours beante, tesmoignoient desia l'impatience qu'ils auoient de faire esclatter dans l'air, le bruit de ceste reioüissance.

Sur la tour de la porte de la ville, comme aussi sur les rempars, on voyoit vn nombre infini de pieces de fer, & de mortiers, tous preparez à faire grand bruit d'vne ioye si

com-

commune, en attendant que douze trompettes, qui estoient
en mesme endroit, fissent resonner hautement l'armonie
d'vne plus douce musique.

Entre les deux portes on auoit dressé vn theatre, à diuers degrez, tapissé d'escarlate: où Messire Iean François
vander Eé, Cheualier, Seigneur de Meys, Aman; Iacques
vander Noot, Cheualier, Seigneur de Kiesecum, Bourg-
maistre; & Messieurs les Escheuins, Thresoriers, Rece-
ueurs, & Conseil de la ville, qui representoient tout le
corps du Magistrat, auoient pris leur place, en attendant sa
Maiesté pour la feliciter de son heureuse arriuée.

Sur les quatre heures du soir, Monsieur le Marquis de
saincte Croix, Gouuerneur general des Armées de sa Maiesté Catholique aux Pays bas, accompagné de beaucoup de
Seigneurs de marque, & d'vn nombre infini de Caualiers,
les vns en carrosse, & les autres à cheual, mais tous parez
d'vn esclat de magnificence, fut au deuant de la Reyne. Et à
la veüe du carrosse de sa Maiesté, où son Altesse estoit aussi,
Monsieur le Marquis de S. Croix, auec tous les Seigneurs &
Caualiers qui l'accompagnoient, mirent pied à terre, &
salüerent la Reyne, & l'Infante; s'acquitant tous à la fois,
quoy que diuersement, d'vn mesme deuoir; mais auec tant
de respect, & tant d'humilité, qu'on n'y pouuoit rien adiouster sans excez.

Aux approches de sa Maiesté, ces dix Compagnies de
Bourgeois enuoyerent à ses oreilles le bruit de leur allegresse, dont vn nombre infini de coups de mousquets furent
par trois fois les prompts messagers. Et à leur exemple les
cinq Compagnies des Confreries s'acquiterent d'vn semblable deuoir, par vne mesme action toute de reioüissance.

Comme la Reyne fut arriuée entre les deux portes de la
ville, elle fit arrester son carrosse à la veüe de Messieurs du
Magistrat, qui s'estoient desia mis en deuoir de salüer sa
Maiesté. Et à mesme temps Messire Charles Schotte, Cheualier,

ualier, Conſeillier, & Penſionnaire de la Ville, s'aduance, &
de la part de toute la Compagnie luy faict cette harangue:

>> MADAME,

>> Il y a pres de cent ans, que cette Ville ſe vid honnorée de la
>> preſence de la Reyne de France, Eleonor, ſœur de l'Empe-
>> reur Charles Quint de tref-auguſte memoire: & comme
>> l'allegreſſe en fut publique, par toute la Ville, la memoire de
>> la faueur qu'elle en receut, y eſt demeurée perpetuele. Le
>> bruit de cette verité, MADAME, a deſia reſonné à vos oreil-
>> les: car aux premieres nouuelles de l'arriuée de Voſtre Ma-
>> ieſté, le ſouuenir du meſme aduantage autrefois receu, ac-
>> compagné d'vne reſioüiſſance nompareille, s'eſt reſueillé
>> dans l'ame d'vn chacun, pour s'acquiter ſelon ſa puiſſan-
>> ce, à force de cris de ioye, & d'acclamations d'allegreſſe,
>> de l'honneur que Voſtre Maieſté leur faict auiourdhuy. Et
>> leur impatience eſt ſi grande encore à publier leur conten-
>> tement, qu'à peine m'accordent ils ce petit interualle de
>> temps, quoy que ie l'employe à confirmer à V. M. les
>> aſſeurances & de leur affection & de leur zele. Auſſi,
>> MADAME, qui eſt celuy d'entre nous, qui ne beniroit le
>> iour auquel nous voyons aſſemblez, ou pluſtoſt eſtroite-
>> ment liez d'vn nœud Gordien, & de corps & de cœur,
>> & de vertu, & de merite, ces deux grands luminaires de la
>> Chreſtienté? Ces deux Princeſſes, diſ-ie, dont les actions
>> plus qu'admirables peuuent enrichir la Poſterité de leur
>> memoire. Ces deux Princeſſes, diray-ie encore, dont la ſa-
>> geſſe ſeruira touſiours d'eſcole aux plus grands Roys du
>> monde, pour apprendre de porter dignement vne Cou-
>> ronne ſur la teſte, & vn Sceptre à la main.
>> Ce ſeul deſplaiſir, MADAME, ſert de temperament à
>> noſtre ioye, d'auoir eu le temps ſi contraire à nos deſirs,
>> puis que ſes courtes limites nous ont marqué vne carriere
>> trop petite, pour faire voir à Voſtre Maieſté la grandeur de

C

noſtre

noftre zele par vne femblable magnificence. Que fi les "
termes nous manquent encore, pour exprimer à quel prix "
nous mettons l'honneur qui reiaillit à plein fur nous, par "
l'efclat de la Royale prefence de la Mere de noftre Reyne, "
Mere de tant de Roys, & de tant de vertus tout enfemble: "
nous tirons vanité de ce defaut, puis qu'il n'apartient qu'au "
filence de publier fa gloire; tandis que nous en grauerons "
la verité,& dans nos cœurs, & dans le plus beau liure des "
euenemens de la Ville.   "

Et apres ces affeurances, MADAME, nous ne pouuons "
offrir à Voftre Maiefté, que les mefmes cœurs, que nous "
auons defia deftinez à porter eternelement les marques du "
fouuenir de vos perfeˆctions toutes Royales, auec cette tres- "
humble priere d'en agreer le prefent, puis qu'il eft infepara- "
ble de nos vœus, pour l'accompliffement de fes defirs,& de "
noftre obeiffance, pour l'execution de fes commandemens; "
comme faifant profeffion publique, de porter la qualité de "
fes tres-humbles, & tres-obeiffans feruiteurs.   "

La Reyne,qui auoit prefté l'oreille auec attention,rompt
fon long filence; & refpond, qu'elle fe fentoit fort obligée
de tant de tefmoignages d'affeˆction, dont on la fauorifoit
à fon arriuée; & qu'il ne feroit iour de fa vie, que la penfée
& le fouuenir ne luy en fuffent egalement agreables, en
attendant auec impatience le moyen de s'en reuancher.

A ces derniers mots, les canons, les mortiers, les autres
pieces de fer, les moufquets, & les trompettes prirent la parole; & chacun en fon langage fit vne nouuelle harangue
à fa Maiefté: mais comme ils parloient trop haut tous à la
fois, il falut deuiner ce qu'ils vouloient dire,les ayant oüys
fans les entendre.

Les cloches de la Ville tenoient leur concert à part à diuerfes parties: & les airs de leurs carillons eftoient fi agreables, qu'à leur oüye les cœurs bondiffoient d'vne nouuelle
ioye dans le fein.

La

La grande cloche de sainct Nicolas, qui ne sonne iamais
qu'aux entrées des Princes Souuerains du Pays, se fit entendre de loing, plus de deux heures, auec autant d'estonnement que de plaisir. Mais on en receuoit beaucoup d'a-
uantage, à voir toutes les fenestres des maisons, qui regardoient sur la ruë par où sa Maiesté passoit, entourées de
flambeaux, à dessein, sans doute, de prolonger cet heureux
iour par leur clarté.

Les voilà arriuées à la grande place de l'hostel de Ville.
Ce fut là où elles treuuerent vne nouuelle Compagnie de
trois cens Bourgeois, armez à leur aduantage, & vestus de
mesme, qui entouroient la place pour en défendre l'entrée.
Ils ne manquerent pas de les saluër en passant, puis qu'ils
n'auoient pris les armes que pour leur rendre ce deuoir:
mais il est croyable, que le vent de leurs souspirs de ioye,
raluma le feu de leurs meches pour ne tirer point à faux.

L'hostel de Ville estoit tapissé par dehors de drap rouge, à frange verte, auec vn pauillon de mesme estoffe par
dessus les galleries: lesquelles estoient remplies de clerons,
de trompettes & de hautbois, dont la melodie commen-
ça à rauir les cœurs par les oreilles, & de ioye, & de contentement, à la veüe du carrosse de sa Maiesté.

La tour de S. Michel, Patron de la Ville, tres-artistement
faicte, & assife au dessus de l'hostel de Ville, de la hauteur
de 331. pied & demy, estoit chargée iusques au sommet de
certaines lampes ardantes, dont l'industrie de l'ouurier rendoit leur lumiere d'autant de differentes couleurs qu'elles
estoient en nombre. Et en l'admiration de tous ces obiects
esclatans en merueilles, les yeux, & les esprits, ne s'en-
nuyoient iamais. Tellement que l'hostel de Ville paref-
soit tout en feu, & la flame en estoit si belle, qu'à peine se
seroit on resolu à l'esteindre, si elle eust menacé d'embrase-
ment.

Tandis que sa Maiesté sera en chemin pour venir au Pa-

C 2

lais;

lais; ie vous diray, comme on y auoit preparé ſa demeure dans le cartier de l'Archiduc : où l'on treuuoit à plein pied quatre chambres, auant qu'entrer dans celle de la Reyne, & toutes ſomptueuſement tapiſſées : les vnes de toile d'or, à diuerſe façon, mais de grand prix; & les autres de ſatin blanc, ſurhauſſé d'vne broderie de pots de fleurs, tirées a-pres le naturel par vne main, dont l'induſtrie rendoit l'ou-urage plus qu'admirable. On entroit à ſuite dans ſa cham-bre parée de certains tableaux qui furent hors d'eſtime, dés le moment que le Peintre les mit au iour. Le lict où ſa Maieſté deuoit coucher, eſtoit dreſſé dans vn Alcueua (ie me ſers du mot Eſpagnol) ſon eſtofe de toile d'or fri-ſée, ſe faiſoit admirer de loing auec eſtonnement.

Son grand cabinet, où elle tenoit ſa Court, eſtoit à coſté de ſa chambre. Sa tapiſſerie n'eſtoit auſſi que de tableaux; mais ſi rares, qu'ils ſeruent d'eſchole aux plus grands mai-ſtres de l'art.

Tout ce logement eſt percé du coſté du Nort, afin qu'il ſoit à l'ombre le long de la iournée. De ſorte que les fene-ſtres & les balcons eſtant touſiours à labri du ſoleil, les Dames peuuent auoir à toute heure la liberté de la veüe ſur le Parc, où mille obiects produiſent autant de plaiſirs à ceux qui les contemplent. Les vignes, les prez, les valées, les montagnes, les ruiſſeaux, & les fontaines, y pareſſent con-fuſement en ordre. Ie dy en ordre dans vne confuſion, puis que l'obiect en eſt & ſi beau & ſi delicieux, que les plus me-lancoliques y treuuent dequoy ſe deſennuyer.

On y admire auſſi vn iardin ſolitaire, dont les ombres ſont encore ſi chaſtes, que le ſoleil ne les a iamais ſceu for-cer. Il eſt ſitué dans vne valée deſerte, où l'art en deſpit de la nature, y faict loger le printemps au milieu de l'hyuer, ayant voûté toutes les allées de lauriers touſiours verds, pour les mettre à labri des foudres du temps. Mais toutes enſemble font vn labyrinthe, à deſſein d'y faire eſgarer tous

ceux

ceux qui s'y promenent ; & fans mentir, toutes les fois que
ie m'y fuis perdu , ie n'ay iamais eu l'enuie de me retrouuer,
parce que mille plaifirs m'y tenoient compagnie : mais
fans y penfer i'en trouuois à la fin la fortie , où la trifteffe
m'attendoit.

Le iardin des parterres y tient encore fon rang ; comme
eftant cultiué par vn fi fçauant iardinier, qu'en toute faifon, celle des fleurs y eft en regne. Les grotes s'y laiffent admirer à leur tour, eftant animées d'vn fi puiffant artifice,
qu'elles font ioüer l'eau de toute forte d'inftrumens, contre-
faire le roffignol, & fe deguifer en tant de formes, & en
tant de figures, que ie ne fçay comment dire pour en exprimer le plaifir. Adiouftez à tout cela le diuertiffement des
beftes fauuages : ie dy fauuages de nature ; car depuis que
les Dames de l'Infante fe iouënt auec elles , elles retiennent
quelque chofe de leur douceur, d'où vient qu'elles ne font
plus farouches. Les phanfares des trompettes m'obligent à
changer de difcours, pour vous faire changer d'entretien.

Sa Maiefté arriue en fin au Palais, dont les auenuës &
les entrées eftoient peuplées de tant de monde , qu'à peine
pouuoit on remarquer les traces du chemin par où il falloit
paffer : mais comme c'eftoit la foule d'vn peuple zelé , la
preffe en eftoit agreable, à force d'en eftre incommode.

Elle eftoit fuiuie de toute la Court de l'Infante ; dont la
magnificence pareffoit à fon iour, quoy qu'il fuft nuict ; &
de la fienne encore, laquelle dans fa petiteffe efclatoit & de
gloire & de grandeur, au plus fort des tenebres. Son carrof-
fe eftoit efclairé de cent flambeaux de cire blanche, portez
par autant de Bourgeois de marque, tous tefte nuës. Et en
cette forte, elle fit fa premiere entrée dans le Palais : où
Monfieur d'Andelot, premier Maiftre d'Hoftel de l'Infante, luy fit fon premier compliment, auec tous les refpects
conuenables à vne telle action.

La Reyne s'arrefta dans fon anti-chambre auec l'Infan-
C 3   te

te fous le dais qui y eftoit tendu pour receuoir les tributs d'honneur, & les hommages de refpect de plufieurs Dames & Seigneurs de qualité, qui n'auoient pas encore eu ce bon heur & cette gloire de faire la reuerence à fa Maiefté.

Ce fut en ce lieu où toutes les deux Courts de ces grandes Princeffes fe treuuerent encore vne fois affemblées: mais à ne mentir point, on n'y refpiroit qu'vn air tout de feu, comme enflammé par tant d'amoureux regards, & comme battu par tant de foufpirs de mefme nature, qu'à moins d'auoir vne ame de piralide, ou vn corps de falemandre, on pouuoit courre danger d'eftre à la fin reduit en cendres.

Mais il me femble que c'eft vne agreable curiofité, de fçauoir le doux eftonnement, où les ieunes Caualliers du Pays fe trouuoient, dans cette belle affemblée, fe voyant en liberté, contre les loix inuiolables d'vne contraire couftume, non feulement de mirer de pres leurs Maiftreffes, mais encore de les entretenir à fouhait & à plaifir, en prefence de la Reyne, & de l'Infante mefme. Ce commerce d'vne honnefte franchife leur eftoit & fi cher & fi agreable, dans fa nouueauté extraordinaire, qu'ils enuioient le bonheur de ceux qui ioüiffoient de ces priuileges: mais au plus fort de leur rauiffement, les obiects qui les caufoient, s'efuanoüiffent par la feparation de la Reyne & de l'Infante; & de tous ces plaifirs, il ne leur en refte que le fouuenir. Ie laifferay fa Maiefté en repos dans fon cabinet, attendant l'heure du fouper; & fon Alteffe dans fa chambre, pour vous faire vn fecond recit d'vne feconde reioüiffance, que tout le peuple celebre à l'enuy l'vn de l'autre.

Toutes les rües eftoient des falles à bal, puis qu'on y danfoit aux chanfons à diuerfes troupes, tandis que la lumiere des feux de ioye faifoit perdre peu à peu la memoire de celle du iour. La grande place de la Ville ne fut iamais fi efclairée en plein midy, qu'elle eftoit cette nuict là: car à voir le nombre des piramides enflammées qu'on

y auoit

y auoit erigé, ie m'imaginois que c'eſtoient des nouueaux
monts Ætna, qui deuoient bruſler ſans ceſſe. Sur les pier-
res d'attante du bail de la Court, on y auoit faict allumer
auſſi vn ſi grand nombre de feux, que le ſeul reiailliſſe-
ment de la lumiere eſclairoit toute la Ville. De ſorte que
cette nuict paſſa au nombre des autres, ſans eſtre aperceüe,
à force d'eſtre eſclairée, & le iour vint lors qu'on l'attendoit le moins.

Meſſieurs du Magiſtrat qui penſoient continuelement
aux moyens d'honnorer ſa Maieſté, par toute ſorte de reſpects & de ſeruices, luy preſenterent le lendemain, ſelon
la couſtume, le vin de la Ville dans des grands vaiſſeaux
peints de rouge, aux anſes dorées : & ce preſent ne ſe faict
iamais qu'aux teſtes Couronnées.

Ie remarque en cette action, comme Meſſieurs de la
Ville n'ont rien oublié pour s'acquiter dignement de leur
deuoir, enuers vne ſi grande Princeſſe. Ie dy dignement,
ſelon leur puiſſance ; mais touſiours auec defaut, ſelon le
merite du ſuiet, & la grandeur de leur zele.

A quatre heures apres midy du meſme iour, les Conſeils
du Roy, en Corps vindrent ſalüer ſa Maieſté. Le premier
qui eut audience, fut le Conſeil priué. Et Meſſire Fernand
de Boiſſchot, Cheualier, Baron de Zauenthem, dont le merite eſt dans l'approbation publique, prit la parolle pour
toute la Compagnie, & fit cette harangue à la Reyne :

″ MADAME,
″
″ Ceux du Conſeil priué du Roy ne peuuent aſſez exprimer
″ à V. M. l'indicible allegreſſe que nous auons de ſon heu-
″ reuſe arriuée en ces Pays, dont par affection, auſſi bien que
″ par deuoir, nous luy rendons auiourdhuy ce tres-humble
″ teſmoignage: auec cette nouuelle aſſeurance encore de par-
″ ticiper egalement tout à la fois, & à la ioye publique, & à
″ ſon deſplaiſir particulier. La France a tant de ſuiet de benir,

&

& de loüer V. M. du foing qu'elle a toufiours pris pour fa «
conferuation, l'ayant fi fagement regie & gouuernée, du- «
rant la minorité du Roy, que les Hiftoires ne nous fçau- «
roient reprefenter vne Regence moins troublée & agitée «
des guerres ciuiles, que la voftre. Ce qui nous faict efperer, «
MADAME, que le Ciel en exauçant & vos vœus & nos de- «
firs, difpofera les cœurs à vne faincte vnion, & à vn doux «
repos, pour recompenfe de vos veilles, ou pluftoft pour faire «
iuftice à vos merites. Car quand on confidere cet honneur «
eminent qui vous appartient en propre, de porter feule en «
la Chreftienté, ce glorieux titre de Reyne Mere, & Mere «
grande de tant de Roys, tout le monde vous prefche la plus «
heureufe Princeffe de la terre. Et comme la voix du peuple «
eft celle la mefme de Dieu, V. M. gouftera bien toft dans le «
port les plaifirs du calme & de la bonnaffe, apres vn fi long «
orage.   Ce font les ardants fouhaits,   «
                                                            «
        MADAME,   «
                                                            «
                                De vos tres-humbles & tres- «
                                obeiffans feruiteurs.

La Reyne qui auoit prefté l'oreille auec beaucoup d'attention à tous ces difcours, refpond, qu'elle fe fentoit fi fort
obligée de tant de faueurs, qu'elle fouhaitoit defia auec impatience, l'occafion de s'en reuancher; & qu'en attendant
ce bon heur, elle n'en perdroit iamais le fouuenir.

Le Confeil des Finances en fuite, fe prefente deuant fa
Maiefté: & Meffire Claude d'Ongnyes, Comte de Coupi-
gny, Chef des Finances, du Confeil d'Eftat de fa Maiefté
Catholique, Seigneur, dont la probité le met au rang des
plus fages du monde, faict la harangue au nom de toute la
Compagnie, en ces termes:

                                                MADA-

„ MADAME,
„
„ En cette publique reioüiſſance, où chacun contribuë ſes
„ plus humbles deuoirs, pour teſmoigner à V. M. combien
„ l'honneur de ſa Royale preſence en cette Court eſt cher &
„ precieux à la Sereniſſime Infante; ceux du Conſeil des Fi-
„ nances du Roy ſe preſentent auſſi à ſes pieds, pour y faire
„ l'offre de leur tres-humble ſeruice, accompagné de mille
„ vœus & de mille ſouhaits,que ces Eſtats ſoyent ſi heureux,
„ que d'eſtre choiſis du ciel pour le lieu où il veüille com-
„ bler V. M. de contentemens auſſi parfaits, que le zele que
„ nous auons à nous faire remarquer, en tous les lieux du
„ monde,ſes tres-humbles & tres-obeiſſans ſeruiteurs.

La Reyne qui eſt tout a fait ſenſible aux atteintes des
faueurs, dont on peut obliger ſa Maieſté, comme la plus
genereuſe Princeſſe qui fut iamais, ſe reuencha à meſme
temps de ces teſmoignages de bonne volonté, par mille remerciemens, auec ce regret encore de ne pouuoir changer
ſes deſirs en effects, pour faire voir vne plus digne recognoiſſance.

Incontinent apres le Conſeil ſouuerain & Chancelle-
rie de Brabant eut audience : & Meſſire Fernand de Boiſſchot en qualité de Chancelier, fit vne nouuelle harangue
à ſa Maieſté, dont voicy la copie:

„ MADAME,
„
„ Ie ne me laſſerois iamais de teſmoigner à V. M. l'allegreſſe
„ publique que tout le monde celebre de ſon heureuſe arriuée
„ en ces Pays: parce que la verité nous en eſt & ſi chere & ſi
„ ſenſible,que quand l'extreme ioye que nous en auons nous
„ impoſeroit ſilence, V. M. en pourroit voir les marques
„ viuement depeintes ſur nos viſages. Ce ſera donc pour la
„ ſeconde fois, MADAME, que ie publieray, au nom de toute
„ la Compagnie,la gloire & le bon heur tout enſemble, dont

D   V.M.

V. M. nous comble auiourdhuy par sa Royale presence, "
auec cet ardant desir qui nous demeure, d'emporter dans "
le tombeau pour recognoissance, la qualité de ses tres- "
humbles & tres-obeissans seruiteurs.   "

Sa Maiesté s'acquita aussi pour vne seconde fois des remerciemens que ces continuels tesmoignages de bonne volonté l'obligeoient de faire selon son inclination magnanime & genereuse, en quoy elle se fit admirer à son ordinaire.

Le Conseil de la Chambre des Comptes eut la derniere
audience: & Messire Iacques le Roy, Seigneur de Herbais,
Conseillier & premier Maistre de la Chambre, porta la parolle, & fit cette harangue à sa Maiesté :

MADAME,
                                                          "

C'est icy le College de la Chambre des Comptes du Roy, de "
la residence de cette Ville. Nous venons offrir à V. M. nos "
tres-humbles seruices, comme participans à la réioüissance "
publique de l'honneur que reçoit cette Court par sa Royale "
presence : & à cette offre nous ioindrons celle de nos vœus "
& de nos prieres, pour l'heureux succes de ses desseins, & "
pour l'accomplissement de ses esperances, en qualité de ses "
tres-humbles & tres-obeissans seruiteurs.   "

La Reyne tesmoigna à son ordinaire le ressentiment
qu'elle auoit de tant de faueurs, dont on l'obligeoit continuellement, par la responce qu'elle fit, dont les parolles furent animées de tant de douceur & de tant de grace, qu'elles tindrent lieu de recognoissance. De sorte que tous ces
Messieurs s'en retournerent satisfaicts & contens.

Ce sont tous les Conseils qui resident en Court: & quoy
que le Conseil d'Estat se trouue aussi d'ordinaire aupres de
la personne de son Altesse, l'absence de la plus grande partie de ceux qui y tiennent le premier rang, rompit le dessein
du reste de la Compagnie, pour s'acquiter enuers sa Maiesté d'vn semblable deuoir.

Tout

Tout cet ordre des pompes & des magnificences de l'entrée de la Reyne, fut de l'inuention de Monsieur le Chancelier du Conseil souuerain de Brabant. Ses merites sont si cognus, que tout ce que ie vous en sçaurois dire, ne pourroit faire qu'vne partie de ce que la renommée en a desia publié. D'alieurs il est si ennemy des loüanges qu'on luy donne, qu'à peine ay ie eu la permission de faire imprimer son nom seulement; tant il est austere à receuoir les honneurs, qui luy sont iustement deus.

Pour Messieurs du Magistrat de Bruxelles, ils ont paru si zelez en cette action, que ie voudrois auoir vne plume ou d'acier ou de cuiure, pour descrire à l'espreuue du temps, les loüanges qu'ils en meritent. Mais en celà, la perfection de ma volonté supléera au defaut de ma puissance. Allons plus auant.

La Reyne fit ses deuotions le iour de l'Assomption de la Vierge, estant arriuée en la ville de Bruxelles l'auant-veille de cette grande feste. Le Pere Souffran prescha dans la Chapelle de la Cour deuant sa Maiesté & son Altesse: mais si heureusement, qu'il donna sans doute mille attaintes de repentir aux cœurs les plus endurcis; i'ay du regret toutefois de n'en pouuoir parler par experience.

La musique de l'Infante imposa des douces loix de respect & de silence aux esprits les plus libertins, durant l'Office; comme ayant vne melodie si delicieusement charmante, qu'à peine osoit-on respirer, de peur de faire bruit. Ie vous en laisse la pensée.

Vne des premieres Eglises que la Reyne vid, fut celle des Peres Iesuistes. En effect c'est vn superbe edifice en magnificence, où l'art a pris plaisir d'estaller au iour le plus beau de ses merueilles: car il y faict si clair, qu'à peine y voit on la nuict au plus fort des tenebres.

Apres que sa Maiesté y eut faict ses prieres, au son d'vne agreable musique de voix & d'instrumens, qui les rendit

D 2

de

de longue durée, elle fut voir toute la maiſon, dont la beauté du baſtiment iointe à celle des iardins peut contenter les
plus curieux. Mais dans toutes les ſales, & dans toutes les
galeries, par où elle paſſoit, elle y trouuoit des nouueaux diuertiſſemens, tantoſt d'vn Balet, tantoſt d'vne excellente
Muſique; puis d'vn rare artifice de certaines fontaines, qui
iettoient l'eau en cent façons, & ſi agreablement, qu'on ne
s'ennuyoit point à les voir. En ſuite on donna le plaiſir à ſa
Maieſté d'vn combat de beſtes ſauuages; dont la feinte re-
preſentoit ſi puiſſamment le naturel, qu'vne grande partie
des ſpectateurs fut ingenieuſement deceüe.

En fin la Reyne receut toute ſorte de ſatisfaction dans
la maiſon des Peres Ieſuiſtes: & comme ie fus teſmoing
auſſi bien qu'admirateur de tous ces deuoirs qu'ils luy rendirent, i'en ay voulu laiſſer ce ſouuenir à la poſterité; afin
qu'elle s'acquite en leur endroit, des meſmes loüanges que
tout le monde leur a données.

Ie mettray à deſſein ſous ſilence le recit des ſainctes
& adorables merueilles de l'Oratoire de l'Infante, ne pouuant conceuoir des penſées ſeulement dignes de leur admiration. On diroit, que la Pieté a raſſemblé dans ce lieu
tous les obiects qui peuuent eſleuer les eſprits à vn celeſte
rauiſſement, & attirer les cœurs à vne heureuſe repen-
tance: car tout y paroiſt ſi diuinement rare, & ſi ſaincte-
ment delicieux, qu'on perd tout à faict le ſouuenir de la
terre, comme ſi tout à faict on eſtoit dans le ciel. Il faut
confeſſer, que c'eſt vn petit Temple, où tous les obiects
ſont autant d'autels conſacrez à la vertu de cette vertueu-
ſe Princeſſe, dont les actions baſtiſſent tous les iours à ſa
memoire vn ſuperbe mauſolée dans l'eternité. Ie reuiens
à vous.

Sa Maieſté viſita auſſi quelques autres Egliſes; comme
celle de noſtre Dame de Laken, à demi-lieüe de Bruxelles,
celle de noſtre Dame du Secours, celle de ſaincte Gudule;

&

& beaucoup d’autres: mais par tout on admira ſes liberali-
tez auſſi bien que ſa pieté.

Sur le declin du iour, comme elle auoit ramené le beau
temps, en faiſant ſon entrée dans les Pays-bas, ſa Maieſté
s’alloit promener aux cours, pour ſe diuertir.

Veritablement, il faiſoit beau voir vne grande foule de
carroſſes, ſans deſordre, dans les longs eſpaces de cette belle
promenade. Mais ſans mentir, ie m’imaginois, prenant le
canal qui va à Anuers pour la riuiere de Seine, & les prez
verdoyans qui coſtoyent ſon riuage, pour vne partie des
Tuilleries, que i’eſtois dans Paris. Et ce qui aydoit encore à me deceuoir, c’eſtoit l’admiration de cinq à ſix cens
carroſſes à la ſuite de celle de la Reyne. Toutesfois la trom-
perie n’eſtoit pas grande, puis que Bruxelles eſt vn petit Paris: & ayant l’honneur alors de contenir dans ſon encein-
te les deux plus parfaictes Princeſſes du monde, elle pouuoit aller du pair auec les plus ſuperbes villes de l’Vniuers.
Son Alteſſe fut vn iour à cette promenade auec la Reyne:
mais comme le nombre des diuertiſſemens qu’on y auoit
eſtoit infini, auſſi bien que celuy des beaux obiects qu’on y
admiroit, mon impuiſſance à vous raconter les vns, & à
vous repreſenter les autres, me ſeruira d’excuſe. Ie ne veux
pas m’eſgarer d’vn ſi beau chemin.

Quelques iours apres la Reyne eut enuie de ſe promener
auec ſon Alteſſe dans le parc & dans les iardins de ſon Palais, pour en voir les allées, les fontaines, & mille autres raretez dignes d’admiration. Ce fut ſur les quatre heures du
ſoir qu’elles commencerent à faire leur promenade, ſuiuies
de toutes leurs Dames & Filles d’honneur; comme auſſi
d’vn grand nombre de Seigneurs & de Caualiers, dont l’a-
greable entretien ſeruoit d’vn ſecond diuertiſſement à leurs
Maiſtreſſes.

Quoy que la Reyne euſt veu fort ſouuent des feneſtres
de ſa chambre, la premiere fontaine qui ſe rencontroit en

D 3   che-

chemin, dans vn grand pré toufiours verd ; fi eft ce qu'elle
s'arrefta vn long temps à fon admiration. Ie vous en repre-
fenteray en peu de mots l'artifice. On y voit vn dragon les
deux pieds en l'air, fouftenu de chafque cofté par vn lion en
mefme pofture ; & tous trois faicts en relief apres le naturel
de diuerfes pieces d'efcorce d'arbre ; mais fi artiftement, que
l'ouurage en eft merueilleux. Ce dragon iette l'eau par la
geule dans vn grand vafe de pierre de marbre, qui demeure
toufiours rempli iufques aux bords, fans qu'vne feule goute
d'eau fe repande. Ce qui eft egalement & curieux & agreable à voir.

  Sa Maiefté accompagnée de fon Alteffe, fut en fuite dans
la grande allée du parc ; où de deux fontaines, qui font aux
deux bouts, fort & entre l'eau criftaline d'vn petit canal de
deux pieds de large, paué & bordé de pierre, dont la blancheur donne à l'eau vn nouuel efclat argenté. Cette allée
à perte de veüe, eft toufiours à l'ombre du foleil, par les efpais feüillages d'vn grand nombre de chefnes plantez en
ligne, dont la vieilleffe raieunit encore tous les ans.

  A dire la verité, ie n'eus iamais de fi fortes tentations de
me plaire dans le monde que ce iour là : car le temps me
pareffoit fi beau, l'air fi temperé, & les obiects fi puiffamment delicieux, que fi i'euffe veu vn pommier ou vn fi-
guier, i'euffe pris ce lieu là pour le Paradis terreftre. Vous
voyez ce pendant, comme ie m'efgare toufiours dans de fi
beaux labyrinthes.

  Sa Maiefté & fon Alteffe fe repoferent au bout de cette
grande allée, dans l'enclos de cette fontaine qu'on y trouue, pour en contempler l'artifice plus à leur ayfe. On l'admire au trauers de certaines glaces de miroirs ingenieufe-
ment placées, qui reprefentent mille fois tous à la fois l'eau
iailliffante de cette fontaine : mais comme la beauté de
ces obiects eft fort delicate, ie n'en ay peu conferuer que des
femblables idées. Ce qui m'ofte le pouuoir de vous exprimer

mer plus parfaictement les plaifirs qu'ils produifent en leur admiration.

La Reyne & l'Infante furent en pourfuiuant leur chemin dans le iardin des fruicts, où la faifon fit pareftre les arbres tous courbez fous le faix de leur moiffon: & l'abondance en eftoit fi grande, qu'elle affouuit l'appetit de la plus grande partie de ceux qui auoient enuie d'en goufter.

On fe treuua incontinent aprés dans ce beau iardin folitaire: où le foleil plus curieux que iamais d'admirer tant de vertus, & tant de graces enfemble, darda mille traicts lumineux fur le fommet des allées voutées de diuers feuïllages, pour en percer les ombres. Mais fes efforts furent inutiles; & les beautez des Dames fe treuuerent ce coup là à labry du hale, dont par vn excez de ialoufie cet aftre d'ordinaire les offence. Ie ne vis iamais vn fi beau iour qu'en ce lieu là: & quoy que ce ne fuft pas proprement vn iour ny vne nuict auffi, la fombre lumiere, dont on eftoit efclairé, s'appelloit toute admirable; comme animée des beaux yeux des Dames, dont les regards efclatans feruoient de nouueaux flambeaux pour treuuer le chemin de cet agreable Dedale.

Les voila en fin arriuées dans les grotes. Ce fut là où mon imagination treuua tout à coup fa puiffance bornée, ne pouuant conceuoir le nombre, & moins encore la diuerfité des obiects tous differemment delicieux qu'on y admire: car l'art s'y defguife tout à la fois fous tant de beaux vifages, dont l'eau eft la matiere & la forme, que Platon s'y treuueroit confus auec la fecondité de fes idées. Icy à l'ombre d'vn cipres on entend les funeftes huées des hibous: là fur la branche à demi feiche d'vn mirthe, vne tourterele languiffante demande en fon langage aux rochers d'alentour des nouuelles de fa compagne. Vn peu plus loing le roffignol perché fur vn arbre toufu degoife à l'ombre de fes feuilles mille petites chanfonnetes. A cofté, l'oifeau du

mois

mois de May touſiours ialous, publie luy meſme ſon malheur, en publiant ſon nom. Tout contre, vn berger en gar-
dant ſes troupeaux ioüe de la muſette.

Là haut ſur cette montagne, Orphée au ſon de ſa lire
attire les bois & les foreſts auec leurs beſtes feroces; qui
changeant tout à coup de nature, s'apriuoiſent en danſant:
& là bas dans cette valée on voit à demy, ſous le creux
d'vn rocher, deux forgerons en action de battre en cadance
leur enclume. Ie conſiderois à coſté de moy la malheu-
reuſe Niobé, metamorphoſée en rocher à force de pleurer:
& ce rocher pleuroit encore, comme s'il auoit eu enfin du
ſentiment, à force d'eſtre inſenſible.

Tous ces obiects que ie vous repreſente auec le foible
pinceau de ma plume, & mille autres encore de cette nature, egalement delicieux, ne ſubſiſtent dans ces belles grotes,
que par vne ame & d'eau & de vent; mais toutesfois l'art
les faict viure d'vne apparence ſi ſubtilement trompeuſe,
qu'il faut que l'eſprit deſmente les ſens, pour croire le contraire de ce qu'ils voyent, & de ce qu'ils entendent. Ie vous
laiſſe à penſer, ſi le plaiſir de leur admiration, n'eſt pas extreme: ne le croyez pas toutesfois, iuſques à ce que la curioſité vous ayt obligé de le gouſter ſenſiblement.

Mais c'eſtoit vn agreable deſordre, que celuy où les Filles d'honneur de laReyne & de l'Infante ſe treuuerent dans
ces grotes par vn lauaſſe de pluye artificiele inopinement
ſuruenu, qui les acueillit auec vn peu de violence: car courant en foule de tous coſtez, autant que leur grauité le leur
pouuoit permettre, ſans treuuer vn abry; elles abandon-
nerent enfin leurs beautez à la douce fureur de cet orage,
cherchant toutesfois, ſans ceſſe des yeux, vn lieu pour ſe
mettre à couuert. Mais au fort de la pluye, leurs appas &
leurs graces ſe ſauuerent à la nage ſur les petites montagnes
de leur ſein; & d'autant qu'elles eſtoient de neige mou-
uante, elles leur faiſoient touſiours peur en tremblant. A

voir

voir ces Dames toutes en larmes, à force d'eftre moüillées;
ie m'imaginois,à l'exemple de Niobé, de les voir bien toft
metamorphofées en rocher;puis qu'en ayant defia le cœur,
la metamorphofe en eftoit defia moitié faicte. Sans mentir,tout ce qui eftoit en elles, donnoit egalement & de la
pitié & de l'amour: car quoy qu'elles fuffent toutes en
pleurs,les larmes en eftoient fi belles,que fi toutes enfemble
euffent peu faire vne mer, chacune à l'enuy y euft cherché
dedans fon naufrage.

N'auez vous iamais pris garde dans vn beau iardin au
fort d'vn orage de pluye,comme les rofes, les œillets, & les
lis à demy noyez dans les ondes de ce petit deluge, pleu-
rent la mort de leurs beautez nouuellement eclofes, qui
ont encouru le naufrage, d'où vient qu'ils panchent non-
chalemment la tefte pour tefmoigner leur deüil? De mefme vous diray-ie de ces Dames, puis que les rofes, les œillets,& les lis de leur beau teinct,à demy fanez,& vn peu fle-
tris,par vn excez de rofée, pleuroient le malheur de leur
fort,lequel fur les flots de ce petit torrent desbordé,faifoit
infolemment le pirate de leurs mignardifes . De moy,à les
voir parées de leur robes humides , ie les prenois pour les
Nymphes des eaux. L'orage ceffe enfin, & le beau temps
reüient. Ces Dames fe feruent de l'ardeur de leurs regards,
pour faire efpanoüir de nouueau ces mefmes rofes, ces œillets,& ces lis de leur beau teinct, ayant la mefme vertu que
le foleil,dont la feule lumiere redonne l'efclat aux obiects
les plus fombres.

La Reyne & l'Infante prirent tous ces innocens plaifirs
par diuertiffement, iufques à l'arriuée de la nuict,qui fonna
la retraicte. Remettons donc la fuite de l'hiftoire au lendemain.

Ie vous raconteray donc en ce nouueau iour pour nouuelle,que Monfieur le Comte de Noyel,fuiuant l'ordre &
le commandement de l'Infante,tenoit table ouuerte , où il

E   deffrayoit

deffrayoit toute la Court; mais fi fomptueufement, & auec
tant de pompe,qu'à peine en pourriez vous croire la verité,
fi i'auois des termes affez puiffans pour vous l'exprimer.Sa
courtoifie encore, & fa ciuilité adiouftoient vn nouuel efclat de magnificence à ces feftins: car fon abord,fon acueil
& fon entretien,eftoient fi doux & fi agreables,que les plus
mefdifans & les plus enuieux fe trouuoient forcez de changer d'humeur pour loüer la fienne. Adiouftez à toutes ces
veritez l'eftime particulier que fa Maiefté en a toufiours
faicte; & vous authoriferez,fans le cognoiftre que de repu-
tation,la confeffion publique que ie laiffe icy de fon merite.

Il faut aduoüer,que le peuple de Bruxelles a paru grandement zelé à fuiure les fentimens de fon Alteffe en cette
reioüiffance de l'arriuée de la Reyne: car chacun contri-
buoit à l'enuy fon induftrie & fon eftude particulier, pour
obliger tous ceux de fa fuite de mille courtoifies, qui fur-
paffoient de beaucoup la ciuilité & le compliment qu'on
doit aux eftrangers. Et à la fin on a recognu par vne nouuelle experience, que les Flamans n'auoient rien de farou-
che que le langage; eftant d'allieurs auffi genereux & auffi
magnanimes,que nation de la terre. Ie ne fais que ramenteuoir en paffant cette ancienne verité à ceux qui en auroient perdu la memoire.

L'Infante ce pendant toufiours defireufe de chercher
des nouueaux diuertiffemens pour rendre le feiour de fes
Pays plus agreable à la Reyne,faict deffein d'accompagner
fa Maiefté à Anuers, apres luy auoir donné la curiofité de
voir cette Ville,comme la plus belle & la mieux affife des
dix-fept Prouinces. Et apres quelques iours de remife,dont
les appas de Bruxelles renouuellerent fouuent les delais, le
iour du depart fut determiné. Mais auant que fa Maiefté
forte de la Ville,ie vous diray que depuis qu'elle y fut entrée, elle donnoit toutes les nuicts le mot de la garde au
Sergent maior, à la place de fon Alteffe, felon qu'elle
mefme

mefme l'auoit ordonné, pour luy deferer cet honneur.

Mais n'entendez vous pas le doux bruict d'vn grand nombre de trompettes,dont les phanfares vous annoncent le depart de ces deux Princeſſes? Les voilà defia en carrof-fe: & toutes les ruës, qui font le plus droict chemin du Palais à la porte d'Anuers,font remplies de tant de peuples, auſſi bien que les feneſtres des maiſons,qu'il faut neceſſai-rement croire,ou que le reſte de la Ville eſt defert,ou qu'el-le eſt en monde,vn petit monde.

Veritablement,les deux Courts de ces grandes Princeſ-fes vnies enſemble,produiſoient vn vif efclat de pompe & de magnificence; ſoit pour la beauté des Dames riche-ment parées, ou pour la mine des Caualiers ſuperbement montez.

Vn magnifique feſtin fut preparé à la diſnée,dans la mai-ſon de plaiſance de Mr de la Faille, Seigneur de Neuele, ſi-tuée au grand VVillebroeck, qui eſt à moitié chemin de Bruxelles à Anuers. L'ordre en fut donné par Monſieur le Comte de Noyel, qui à ſon ordinaire ſe fit loüer des plus meſdiſans, ſans employer d'autre artifice, que celuy de ſa prudence & de ſa courtoiſie, dont il oblige vn chacun de bonne grace. Tandis que la Reyne & l'Infante diſneront, repreſentez vous le plaiſir qu'il y auoit à oüir la melodie d'vn nombre infini de trompettes, dont les François, les Flamans,les Eſpagnols, les Anglois, & les Allemans ſon-noient l'vn à l'enuy de l'autre.

Le triomphe de l'entrée de la REYNE MERE DV ROY TRES-CHRESTIEN, accompagnée de SON ALTESSE, dans la Ville d'Anuers.

Vr l'aduis que Meſſieurs du Magiſtrat d'Anuers auoient de l'arriuée de la Reyne & de l'Infante dans leur Ville, ils donnerent ordre à meſme temps, d'aſſembler dans le port du petit VVil-lebroeck vn nombre infini de fregates, & autres barques, pour receuoir toutes les deux Courts, & de ſa Maieſté & de ſon Alteſſe: dont les Dames, les Seigneurs, les Caualiers, & les autres perſonnes de leur ſuite, faiſoient tous enſemble vn monde de peuple.

La fregate qu'on auoit preparée pour la Reyne & pour l'Infante, faicte en forme d'vne petite galere, eſtoit richement ornée, & embellie d'vne tapiſſerie de peinture, la plus agreable en ſes croteſques qui ſe vid iamais. Douze matelots, tous veſtus d'vne meſme façon & d'vne meſme couleur, eſtoient deſtinez à ramer: & deſia leur impatience à partir, les faiſoit abandonner mille fois le port, & de volonté & de penſée. Il y auoit auſſi beaucoup de Caualiers de marque, qui auoient faict faire expres des nouuelles fregates, ornées d'eſtendars & de banderoles de la couleur de leurs Maiſtreſſes, afin de les pouuoir entretenir en chemin auec plus de liberté. De ſorte, que tout le port eſtoit ſi remply de diuerſes ſortes de barques, qu'il faloit eſtandre bien loing la veüe pour voir ce grand bras de mer.

Mais que de cris de ioye, que d'acclamations d'alle-greſſe, que de trompettes, que de clerons, que de tambours, que de coups de mouſquets, & de coups de canons entendoit on tous à la fois, à l'arriuée du carroſſe de ſa Maieſté, dans lequel l'Infante eſtoit! Ie n'oüis iamais vne harmonie plus agreable que celle de ce tintamarre, au ſon de laquelle la Reyne & l'Infante firent leur entrée dans la ſuperbe fregate qui les attendoit au port. Et en ſuite, toutes les Dames & Filles d'honneur de la Reyne & de l'Infante, prirent place dans de nouuelles fregates, qu'on auoit deſtinées pour leur ſeruice. Et incontinent apres les Seigneurs & les

E 3

Caua-

Caualiers ſe ietterent confuſement dans les premieres barques qu'ils rencontrerent, fors que ceux qui en auoient faict
faire de particulieres, qui s'en ſeruirent fort à propos, &
heureuſement ſelon leur deſſein.

D'abord les matelots de chaſque fregate, l'vn à l'enuy
de l'autre, tiroient vanité de faire pareſtre leur zele par leur
force, l'employant toute entiere pour s'eſloigner du port:
à quoy le vent & les ondes ſembloient d'abord contribuer
leur ſecours.

Mais c'eſtoit vne merueille de voir vn monde ſur l'eau,
faire par ſignes les derniers adieux à vn nouueau monde
qu'il laiſſoit ſur la terre : car en verité, on peut ſouſtenir
qu'il demeura autant de perſonnes ſur le riuage, qu'il en
entra dans les fregates, quoy que le nombre des dernieres
fuſt ſans nombre. L'eſtonnement eſtoit encore à voir, tout
le long du chemin vn autre nouueau monde de chaſque
coſté du riuage, eſtant remply de mille & mille ſortes
de gens, la plus grande partie veſtus à la ruſtique ; qui
par leur action teſmoignoient de n'eſtre animez que de
ioye & de rauiſſement, à l'obiect de toutes ces merueilles
paſſageres, dont les ondes ialouſes leur deſroboient peu à
peu l'admiration.

De tous les forts qu'on rencontroit en chemin, les Ca-
pitaines qui commandoient, enuoyoient au deuant de la
Reyne & de l'Infante le bruict d'vn nombre infini de
coups de canons, pour s'acquiter de loing, par cet artifice, de l'hommage de leur ſeruitude, & pour en faire porter à meſme temps les nouuelles à tous les lieux aux enuirons.

Repreſentez vous encore que chaſque fregate auoit ſa
muſique particuliere auſſi bien que ſes matelots. En l'v-
ne la muſique de voix charmoit delicieuſement les oreilles : en l'autre celle des inſtrumens rauiſſoit les eſprits : en
celle là les clerons & les trompettes charmoient les cœurs
d'vne

d'vne autre forte : & en celle-cy les violons reioüiſſoient
les plus melancholiques. .

Ie vous laiſſe à penſer maintenant,ſi la beauté du temps
qui auoit ſes douceurs particulieres, & celle des obiects ſes
appas differens,ne faiſoient point auec toutes les autres delices vn comble de ioye & de felicité , capable d'eſleuer les
ames iuſques à l'extaſe & au rauiſſement ; ne voir que des
Anges,n'oüir que leurs voix à la ſuite de toutes les Vertus
enſemble. Que ſçauroit on adiouſter à tant de plaiſir & à
tant de gloire , auoir touſiours les Graces deuant ſes yeux,
les Muſes à ſes oreilles, & les vniques merueilles de la terre
pour vn nouuel obiect de felicité ? quel bien peut on ſou-
haiter egal à celuy là ? quel contentement ſeruira d'exemple à ces delices? De moy,ie confeſſe , que ſi i'euſſe faict vn
long temps reflexion de leurs douceurs pour les gouſter en
leur pureté,i'euſſe eu des puiſſantes tentations d'en deuenir
idolatre : car les ſens,les eſprits , & toutes les puiſſances de
l'ame y treuuoient egalement,chacune ſelon ſa capacité,
mille ſubiects de rauiſſement.

Mais quelle nouuelle merueille,ſi iadis Orphée & Am-
phion,l'vn au ſon de ſa lire , & l'autre par l'armonie de ſa
voix, attiroient les rochers & les montagnes ? Ces deux
grandes Princeſſes,au ſon du bruict de leur renommée, attiroient apres elles tout le monde enſemble : car quelle
foule de Dames & de Seigneurs ſeulement admire on auiourdhuy à leur ſuite ? C'eſt à ce coup qu'on peut hardiment ſouſtenir, que l'Empire de la terre n'eſt pas ſi grand
que celuy de l'onde,puis qu'elle contient dans ces humides
eſpaces tout ce que la Gloire a de precieux,& la Pieté d'admirable.

Que ie prenois plaiſir d'oüir gronder ſes ondes , & de
vanité,& d'arrogance, portant ſur leur dos vn ſi riche far-
deau ! mais comme ſi toutes enſemble euſſent voulu auoir
part à cette gloire, l'vne ſe deſchargeoit ſur l'autre ſans ceſſe,

se,ioüissant de la sorte d'vn mesme priuilege. Ie vous diray
en passant, qu'il me sembloit que les fregates des Dames
alloient plus viste que celles des autres; comme si leurs
amans en eussent faict enfler les voiles par le vent de leurs
soufpirs.

Ieus cette pensée encore à voir tout ce grand monde,
que c'estoit vne armée de l'amour, qui pour la defence de
la iustice alloit combatre le malheur du temps. Et comme
la voix du peuple, dont le Ciel est l'organe, en presageoit
desia le triomphe par ses cris de ioye,on en celebroit la feste
par aduance auec luy . Et le bruit s'espandant par tout,
auoit obligé Monsieur le Marquis de saincte Croix, Gouuerneur general des armées de sa Maiesté Catholique en
ces Prouinces,& Monsieur le Marquis d'Aytona, son Ambassadeur & Admiral de la Mer, auec beaucoup d'autres
Seigneurs Espagnols & du Pays, de venir au deuant de la
Reyne & de l'Infante, comme ils firent dans vn grand
nombre de chalouppes ornées de banderolles, & chargées
de canons. Et à la veüe de la fregate où estoient sa Maiesté & son Altesse, ces mesmes canons furent les porteurs
de l'hommage de leurs respects, faisant esclater en l'air, sur
la terre, & dans l'onde, par vn resonnement d'echo, les
plus secrets sentimens de leur humilité, & de leur allegresse .

A mesme qu'ils s'approchoient peu à peu,vn grand nombre de nauires de guerre, mais en ce iour là de paix, se
ioignant à leurs chalouppes, & à beaucoup d'autres qui les
auoient suiuies, faisoient tous ensemble vne armée nauale;
qui en tres-bel ordre, & au bruit de mille & mille coups de
mousquets, & autant de coups de canon, s'approchoit à
voile desployée de cette armée de l'Innocence & de la Pieté, pour en celebrer le triomphe . Toutesfois ne l'osant
aborder de pres par respect,elle fit halte du costé du riuage
de Flandres,pour luy laisser prendre le deuant.Mais c'estoit

vii

vn extreme contentement, d'oüir renouueller à tous momens les protestations de seruitude à cette nouuelle armée qui venoit accueillir l'autre, par vn nouueau bruict de coups de canons, adouci de celuy des trompettes, dont les fanfares donnant le deffi à mille autres encore, qui estoient de la suitte de la Reyne & de l'Infante, toutes ensemble faisoient vn concert de musique de triomphe, le plus delicieux qu'on oüit iamais.

Ie ne sçay où i'en suis maintenant, ayant à vous representer des merueilles inimaginables, puis qu'après les auoir veües & oüyes, ie doute encor de cette mesme verité. Representez vous donc confusement, ne pouuant vous exprimer mes pensées d'autre sorte, qu'à la premiere descouuerte de la ville d'Anuers. Tous les Echos d'alentour, l'vn apres l'autre, nous firent oüir diuerses fois auec autant d'estonnement que d'admiration vn bruict delicieusement epouuentable, comme surprenant les sens malgré les esprits, puis qu'on respiroit tousiours contans dans vn comble de ioye, & de resioüissance. C'estoit le bruict d'vn nombre infini de coups de canons, & de coups de mousquets; dont Messieurs d'Anuers firent saluër d'abord sa Maiesté & son Altesse. Et à l'instant mesme toutes ces autres fregates, & ces nauires de guerre qui les estoient venus rencontrer, continuerent à s'acquiter de ce mesme deuoir, deschargeant toute leur artillerie sur le dos des ondes: lesquelles peureuses fuyoient tousiours; mais en fuyant elles emportoient auec elles ce pretieux butin, & cette glorieuse conqueste, que le Ciel plustost que la Terre leur auoit mis en depost.

Que c'estoit vn obiect prodigieusement merueilleux de voir cette superbe ville d'Anuers, assise sur le bord de la mer deuant ses yeux, sans la voir toutesfois que d'imagination, & de pensée: car ses clochers, ses tours, ses rempars, ses bastions & son port estoient tellement remplis de peu-

F

ple,

ple,qu'on ne voyoit rien autre chofe, comme fi c'euft efté
vne Ville toute de monde,& fans maifons, & fans murailles. Et à mefure qu'on s'en approchoit, il fembloit que ce
peuple, quoy qu'innombrable,croiffoit à tous momens en
nombre, decouurant peu à peu le corps monftrueux de fa
foule; qui en effect eftoit fi grande,qu'il falloit croire necef-
fairement que tous auoient abandonné leurs maifons, pour
voir furgir dans leur port toutes les vertus enfemble. Ie
veux dire la plus grande Reyne du monde, & la plus admirable Princeffe qui fut iamais. Ie changeray de ton,
pour vous faire part fur ce fuiet d'vne ferieufe penfée.

I'eus en imagination comme Xerxes, à la veüe de tout
ce grand monde, foufpirant toutesfois au lieu de pleurer,
qu'au bout de cent ans ce ne feroit plus rien qu'vn peu de
cendres, & que cent ans encore apres ces mefmes cendres
ne fubfifteroient plus qu'en idée dans les profonds abifmes
de la nature. Confideration qui feruit de temperament à
la ioye extreme, dont vn fi grand nombre d'obiects egalement delicieux combloit mes fens & mes efprits. Ie vous
en fais prefent pour refifter aux tentations des vanitez du
monde. Voicy encore le reuers de la medaille.

Mais quel eftonnement me faifit au milieu d'vne fi
grande allegreffe! ie voy la terre toute en armes, l'air tout
en fumée, & l'onde tout en feu. Quel prodige encore!
la terre tremble de ioye, le feu brule dans l'eau, efpris de fon
amour: l'eau brule dans fes flames amoureufes, & l'air qui
remplit tout, fe treuue remply luy mefme de refioüiffance:
car comme les cœurs ne refpirent & ne foufpirent d'autre
chofe,ils luy communiquent la nature de leurs fentimens.

Ce ne font point des fables : les canons en cette allegreffe publique faifoient trembler la terre, & l'ardeur de
leurs flammes ne pouuant tout à coup s'efteindre, l'eau
& le feu fe faifoient admirer enfemble,comme s'ils euffent
faict la paix.

II

Il me semble que le temps se change,& qu'vn broüillard
espais nous oste auec la clarté du soleil l'admiration de tant
de merueilles. Ie me trompe, ces broüillards ne sont que
de fumée,& la cause est trop agreable pour me plaindre de
ses effects.Aussi bien le soleil curieux de voir ce qu'il n'auoit
encore iamais veu, les dissoud peu à peu par la force de
ses rayons,& si agreablement, qu'on diroit que la lumiere
de ces mesmes rayons est le feu de cette fumée.

Ce m'estoit vn sensible plaisir d'entendre vne musique à
tant de parties,si charmante comme celle des voix, des instrumens, des hautbois, des clairons, des trompettes, des
tambours & des cloches; dont les diuers resonnemens faisoient tous ensemble vn concert si delicieux, que les appas
se rendoient bien sensibles aux oreilles pour se faire gouster,
mais non point aux esprits pour se laisser comprendre.

Toutes ces belles choses representoient,chacune à sa façon, sur le theatre de l'onde, les plus doux contentemens
qui se treuuent en la nature. Les yeux auoient pour obiect
des montagnes de peuple, dont la diuersité sans nombre
produisoit autant de differentes delices : les oreilles atta-
chées continuellement à vne musique, toute d'allegresse,
treuuoient dequoy assouuir l'appetit de leur sens; & les
autres,rauis par l'effort de la ioye, dont les ames estoient
comblées, demeuroient en repos hors de leur element. Et
comme le theatre, où tous ces passetemps diuertissoient les
esprits,estoit diaphane, leur obiect se faisoit admirer deux
fois sous vn mesme visage; mais tousiours auec des appas
nouueaux,qui naissoient de leur action continuelle.

Pensez vn peu à la diuersité de tous ces plaisirs, de voir
en vn mesme temps,& tout à la fois, mille boufées de feu
nager sur la surface de l'onde & entre deux eaux, par autant de coups de canon,dont le bruict se rendoit delicieux,
à force d'estre effroyable: de voir encore ce grand bras de
mer chargé d'vn nombre infini de nauires, dont les om-

F 2　　　bres

bres auſſi agreables que le corps attiroient tout à la fois
& les yeux & les eſprits à leur admiration : d'oüir auſſi le
nouueau concert de muſique, que les Echos des rochers &
des montagnes faiſoient ſeparement à diuerſes parties, pour
ſe faire entendre par toute la terre. Ce qui me perſuade de
croire, que le reſonnement de leur douce melodie retentiſ-
ſoit aux oreilles de mon Roy, & que de la ſorte ſon cœur
tout genereux reſpiroit par interualle, & de ioye & d'a-
mour, comme participant à l'honneur de tous ces triom-
phes.

Veritablement ie m'imaginois dans vne agreable reſue-
rie qui me poſſedoit, que c'eſtoit le iour des nopces de Neptune & d'Amphitrite, & qu'ainſi Thetis & les Dieux marins auec les Nymphes des eaux celebroient la feſte de leur
Hymenée dans les vaſtes palais de l'Ocean. Puis eſueillant
mon eſprit en ſurſaut, ie changeois d'opinion & de croyan-
ce, & me perſuadois que c'eſtoit la Reyne Siciderammie
qui ſortoit en triomphe de ſeruitude, pour aller à la conque-
ſte de ſa premiere liberté. Ie reuiens à vous.

Aux approches de la Citadele d'Anuers, cette fortereſſe
imprenable nous fit encore oüir le bruit tonnant de ſes canons : ie dy tonnant, car à ne point mentir, on euſt dict
que mille eclats de foudres bruyoient dans vn air tout de
fumée, & la flame eſtincellante qui deuançoit le coup en
fortifiet l'opinion, produiſant des eſclairs en apparence.
Mais que c'eſtoit vne agreable nuict que celle que l'abondance de la fumée auoit cauſée ! le ciel, la terre, & l'onde
eſtoient egallement cachez à nos yeux, deuant nos yeux
meſme, en preſence du ſoleil. Et quoy qu'on ne viſt rien
du tout, le ſouuenir d'auoir veu de ſi belles choſes, & l'eſ-
perance ſenſible de les reuoir encore, comme les reuoyant
deſia peu à peu au trauers de ces nouuelles tenebres, donnoit vn plaiſir, qui pour eſtre trop grand n'a point de nom.

De moy, ie me repreſentois le point du iour, lors que
les

les premiers rayons, perçant à force de luire les rideaux de
la couche humide de leur Pere, chaffent les ombres de la
nuict par leurs regards eclatans, dont la lumiere dorée def-
couure encore vne fois le fommet herbeux des plus hautes
montagnes, & la pointe heriffée des vieux rochers, comme
auffi en fuitte vn moment apres, les campagnes, les forefts,
& les villes entieres, mais auec des contentemens nonpa-
reils : car en effect les nuages efpais de la fumée reprefen-
toient vne nuict, & les rayons du foleil en diffipant les tenebres, on admiroit lentement par la fuitte de diuers momens,
tantoft la tefte orgueilleufe d'vne haute tour, apres la pointe
aiguë des clochers, puis le faifte luifant des Palais ; &
à l'heure mefme vne des plus belles Villes du monde, dont
l'obiect fe rendoit encore plus admirable, faifant voir auec
elle tout fon peuple, & d'vne façon qui donnoit autant d'e-
ftonnement que de plaifir : parce qu'on euft dict que fes
tours, fes clochers, fes maifons, & fes murailles eftoient per-
cées à iour de tous coftez en mille endroits, pour faire vn
nombre infini de feneftres, par où ce peuple fe laiffoit rauir
de ioye, & d'admiration tout enfemble.

Les rempars & les bouleuars de la Ville qui regardoient
fur l'eau, eftoient bordez de diuerfes pieces de canon ; dont
le bruict refpondant auec quelque ordre delicieufement
confus à celuy que les autres pieces de batterie, qui eftoient
fur les nauires, faifoient retentir par tout auec vn doux effroy, produifoit vne mufique de guerre à diuerfes parties :
mais comme la ioye l'auoit compofée, & qu'elle mefme
battoit la mefure, la verité du plaifir eftoit plus forte que
l'apparance de la crainte.

On auoit orné de nouueau les rempars, depuis la porte
de Croonenborch iufques au corps de garde du boulleuart
de l'Abbaye de S. Michel, de cinq Compagnies de Bourgeois, tous richement armez : & fur le Hoykay cinq autres Compagnies fe faifoient voir en tref-bel ordre, comme

auſſi ſur le VVerf, où la Reyne & l'Infante deuoient ſe deſ-
embarquer.Les ſix Guldes, ou principales Compagnies des
plus apparens Bourgeois, s'y firent admirer, eſtant veſtus
& armez à leur aduantage; & tous enſemble s'expliquerent
trois diuerſes fois par la bouche de leurs mouſquets, touchant leur commune allegreſſe, ne pouuant l'exprimer en
vn autre langage plus dignement. Cet ordre auoit eſté donné par Meſſire Henry van Etten, Cheualier, Sr de VVeſt-
meerbeke, Bourgmaiſtre; dont la naiſſance & le merite
egallement conſiderables le font aymer & honnorer d'vn
chacun.

Il faut que ie vous die maintenant, que quoy que les
ſens fuſſent touſiours en allarme,au bruiꞯ des canons & des
mouſquets, au ſon des clairons & des cloches,& au tintamarre des tambours & des phifres qu'on entendoit tout à
la fois; ſi eſt ce pourtant que de cette meſme verité, l'allegreſſe qui animoit les cœurs, tiroit ſa vigueur & ſa force.
Que ſi vous ne le croyez pas, en voicy la preuue.

Repreſentez vous, que l'aſſurance ſenſible qu'on auoit
d'aborder à vne terre, où les cris & les acclamations de l'allegreſſe du peuple eclatoient dans l'air beaucoup plus haut
que les fanfares des trompettes,pour nous appeller au port,
chaſſoit tellement la peur & la crainte des ames, & y eſta-
bliſſoit de ſorte à meſme temps le plaiſir & le repos, que ſi
les canons & les mouſquets choquoient de leur bruiꞯt les
oreilles, du meſme bruiꞯt encore ils charmoient les eſprits.
Comme auſſi peut on ſouſtenir, que les tenebres de cette
nuiꞯt de fumée ſeruoient touſiours de flambeau aux ima-
ginations & aux penſées, pour leur faire voir la beauté de
ce meſme iour dont elles leur cachoient la lumiere, & auec
elle encore celle de tous ſes obiects de reſioüiſſance, dont la
plus grande partie ſe faiſoient entendre, ne pouuant ſe faire voir. Voicy des nouuelles veritez.

Toute cette grande flotte de nauires, de batteaux, & de
cha-

chaloupes , prit terre auec la fregate, dans laquelle eſtoit la Reyne & l'Infante,au riuage du VVerf,où vn nombre infini de carroſſes eſtoient en attente . Sa Maieſté & ſon Alteſſe monterent toutes deux ſeules dans vn : les autres furent remplis des Dames de leur ſuitte.　Mais il ſe treuua à meſme temps en ce lieu vne nouuelle armée, pour accompagner ces deux Princeſſes dans la Ville: les Bourgeois faiſoient l'Infanterie, & les Seigneurs du Pays la Caualerie; & en cette ſorte la Reyne & l'Infante firent leur entrée.

C'eſtoit ſur le couchant du Soleil , où la chaleur du iour à demy eſteinte donnoit la liberté aux Dames de mettre en veüe leurs beautez ſans crainte du hale. Tellement que tous les beaux viſages ayant quitté ce iour là le dueil,comme n'eſtant plus voilez, attiroient d'vn meſme effort,& les yeux & les eſprits,à l'admiration de leurs appas & de leurs charmes.

Ie n'auois iamais veu vne tapiſſerie à tant de diuers perſonnages,comme celle dont les ruës d'Anuers eſtoient alors ornées: car depuis le faiſte des maiſons iuſques au bas tout eſtoit remply de monde; & comme la plus grande partie eſtoit du ſexe qu'on ayme le plus, on ne ſe pouuoit iamais laſſer d'en contempler la diuerſité, & moins encore les douceurs & les graces.

On fit rencontre dans le grand marché de huict Compagnies de Bourgeois, tous veſtus & armez ſi richement; qu'on n'y pouuoit rien adiouſter ſans exces; leſquels ſalüerent à diuerſes fois , d'vn compliment de mouſquets , ſa Maieſté & ſon Alteſſe.　Comme auſſi ſept autres Compagnies firent le meſme de bonne grace,lors qu'elles paſſerent dans la place appellée le Oeuer: & au bout on treuua encore des nouueaux Bourgeois rangez des deux coſtez en haye iuſques à l'Abbaye de S. Michel, où l'on auoit preparé le logement de la Reyne, comme le lieu ordinaire où les Ducs de Brabant ont accouſtumé de loger.Les ſix Compagnies des Guldes ſuiuirent en tref-bel ordre la Cour de ces

deux

deux Princesses, pour en accroistre la pompe & la magnificence. Et deslors qu'elles eurent mis pied à terre dans la bassecourt, Messire Iean Chrysostome vander Sterre, Abbé tresdigne, accompagné de Messieurs Fredegand Bonello Prieur, & de Philippe Abeel Camerier, leur vint au deuant, & presente vne clef dorée à son Altesse pour en disposer à sa volonté: mais elle luy dict qu'il la donnast à la Reyne; ce qu'il fit auec toute sorte de respect & d'humilité, apres luy auoir parlé en ces termes:

MADAME,

Nous souhaitterions maintenant que cette pauure maison fust vn superbe Louure en richesse & en magnificence, afin d'y receuoir plus dignement vostre M^{té}: mais ne pouuant changer nos desirs en effects, nous les changerons en prieres, faisant mille veux pour l'accomplissement des vostres.

La Reyne fut tres-satisfaicte de cette harangue, comme remplie d'autant de zele que d'eloquence: ce qu'elle tesmoigna à Monsieur l'Abbé par l'accueil & par les remercimens qu'elle luy fit lors qu'il luy presenta cette clef.

Sa Maiesté rencontra en suitte tout le Magistrat de la Ville en corps, à l'entrée de la premiere sale de l'Abbaye, ou Maistre Iacques Edelheere, premier Conseiller & Pensionnaire, portant la parole pour toute la Compagnie, luy fit cette harangue:

MADAME,

Le Magistrat de cette Ville vient se prosterner aux pieds de vostre Maiesté, pour luy rendre l'hommage des respects & des submissions qui luy sont deües, comme à la plus grande Reyne du monde: mais l'esclat de vos Grandeurs l'esblouït tellement dans sa petitesse, qu'il se treuue tout confus & tout en desordre au plus fort de sa resioüissance, ne pouuant l'exprimer par les effects, & moins encore par

les

»les paroles. Qui ne feroit auffi eftonné, MADAME, de voir
»en vous voyant, tout ce que la Nature a de plus precieux,
» & la terre de plus rare : car on admire tant de Maieftez en
» la voftre, & il faut paffer par tant de thrônes pour monter
» à celuy de voftre gloire, qu'on craint mefme de vous of-
» fencer en vous honnorant , puis que toutes fortes d'hon-
» neurs font infiniment rabaiffez au deffous de vos perfe-
» ctions Royales. Que Voftre Maiefté fe contente donc, s'il
» luy plaift, MADAME, du zele & de la volonté, dont l'ardeur
» allumera au iourdhuy dans cette Ville mille feux de ioye,
» pour faire voir publiquement , celle que nous reffentons
» dans nos cœurs de fon heureufe arriuée. C'eft la feule priere
» que nous luy faifons, comme fes tref-humbles & tref-obeif-
» fans feruiteurs.

La Reyne toufiours genereufe & magnanime dans toutes les rencontres où elle fe fent obligée, tant foit peu, refpond pour tefmoigner fon reffentiment, qu'elle eftoit fi
fatisfaite des faueurs qu'elle receuoit de leur courtoifie ,
qu'elle mettroit au nombre des chofes qu'elle defire le plus,
l'enuie de s'en reuancher. Parolles qui furent toutes d'or,
felon l'eftime que Meffieurs du Magiftrat en firent ; & felon le prix auffi que les douceurs & les graces , dont elles
auoient efté animées, leur donnoient.

L'Infante accompagna fa Maiefté iufques dans fa chambre ; où, apres auoir paffé quelque temps en fon doux entretien, elle remonte en carroffe, & s'en va auec toute fa
Cour dans la maifon des heritiers de feu Simon Roderi-
guez, qu'on luy auoit preparée pour fa demeure, ayant quitté fon logement ordinaire à la Reyne.

Huict Compagnies des plus notables Bourgeois la faluërent en paffant dans la ruë de la Mer , où ils s'eftoient
rangez en haye de chafque cofté, iufques au deuant de fon
Palais : ce qu'ils firent, fans mentir, de bonne grace.

La nuict ce pendant eftendoit defia peu à peu fes om-
G bres

bres fur la terre, lors que la lumiere d'vn nombre infini de
feux de ioye, qu'on auoit allumez dans toutes les places
de la Ville, en diffipe tout à coup l'obfcurité : de manie-
re qu'vn nouueau iour commençant à pareftre encore au
milieu des tenebres, le peuple fe laiffe delicieufement deceuoir à cette feinte ; & comme fi le Soleil euft recom-
mencé tout à coup fa carriere, ils prennent le bel efclat
de ces feux pour la douce lumiere de fes rayons ; & en
cette forte ils prolongent le temps de leur refioüiffance
publique, foit par leurs danfes, foit par leurs chanfons,
ou par d'autres diuertiffemens qui n'eftoient pas moins
agreables.

   Dans tous les coings des ruës, & dans toutes les places,
on treuuoit des concerts de mufique compofez d'autant
d'hommes que de filles, & tous enfemble danfant en rond
aux chanfons tentoient puiffamment les paffans d'eftre de
la partie, ou pour le moins de contribuer leur approbation à ces doux efbats. Ie n'eus iamais tant de plaifir qu'à
oüir chanter en leur langage ces belles Flamandes:car quoy
que ie n'entendiffe point la lettre de leurs chanfons, leurs
voix animées d'allegreffe en portoient fi agreablement
l'harmonie à mes oreilles, & auec tant de poids, & de mefure, que ie fuis contrainct de vous en laiffer la penfée,
ne pouuant vous exprimer la mienne fur vn fuiet fi delicieux.

   Ie n'oublieray pas de vous dire, que l'Abbaye de fainct
Michel, où logeoit la Reyne, eftant affife fur le riuage de
ce bras de Mer qui fert d'vn cofté de defenfe à la Ville,
les feux de ioye qu'on auoit allumez dans la baffecourt,
portoient l'efclat de leur lumiere iufques au plus profond
de l'onde ; & en l'admiration de leurs brillantes lueurs ie
m'imaginois, que les Tritons & les Nayades auoient fait
des nouueaux feux d'allegreffe dans le Palais de Neptune,
& la Mer en pareffoit fi efclatante, que fi Venus fe fuft ac-

couchée

coucheé cette nuict là d'vn nouueau Cupidon chez Thetis,
ie me veux perſuader qu'il n'euſt point eſté aueugle.

Imaginez vous encore, que tous ces feux de ioye eſleuez
dans l'air par la force de l'art, produiſoient vn nombre infini d'eſtoilles, par autant d'eſtincelles, qui en naiſſant pour
luire, & luiſant pour mourir, donnoient le deffy de l'eſclat
& de la lueur à tous ces flambeaux de nuict, dont la belle
clarté ioignant ſes rayons argentez aux dorez que ces flammes faiſoient admirer dans l'onde, on eſtoit rauy au doux
obiect de tant de lumieres differentes; leſquelles toutesfois
s'vniſſant en vne ſeule, celle la charmoit de ſa beauté les
ames par les yeux.

Adiouſtez à ces veritez celle de voir le ciel, la terre, &
l'onde tout en feu ; mais en feu de ioye, pour celebrer vne
meſme feſte : car il ſemble que la terre ſoit toute embraſée
du feu de ſon allegreſſe ; & que l'onde, qui porte vn corps
diafane & tranſparant, aye deſia receu les eſpeces de ces
rayons enflamez, afin d'en repreſenter encore vne fois la
beauté. Et pour le ciel, il n'eſclate dans ſon ardeur, que d'a-
mour ou de ialouſie, voyant ſes aſtres ſurmontez par la lumiere de nouueaux flambeaux. Me voicy encore de retour.

Cette nuict fut miſe au rang des plus beaux iours de l'an-
née, comme ayant eſté ſi claire que perſonne ne prit garde au leuer du Soleil, & deſia il eſtoit fort auant dans ſa
courſe, lors qu'à peine on s'aperceut qu'il eſtoit iour. Repreſentez vous, ſi les eſbats & les paſſe-temps deuoient eſtre
agreables, puis qu'en interrompant le repos, ils l'eſtabliſ-
ſoient dans les ames, ne les rendant capables que d'en ſou-
haiter la continuation. De ſorte que toute cette reſiouïſſan-
ce publique ſe termina auſſi heureuſement, qu'elle auoit
eſté commencée.

Le Dimanche enſuiuant fut le iour deſtiné par le commandement de l'Infante à celebrer la feſte particuliere de
la Ville, & faire la Proceſſion accouſtumée. Ie dy, ſelon

G 2   le com-

le commandement de l'Infante, d'autant qu'elle en auoit
faict retarder la Solemnité iusques à l'arriuée de la Reyne,
pour luy donner la satisfaction d'en considerer les curieu-
ses magnificences. Et à cet effect Messieurs le Bourgmai-
stre van Etten, & autres deputez du Magistrat inuiterent sa
Maiesté & son Altesse à voir tous ces somptueux appareils.

Au plus matin de ce beau iour si long temps attendu, le
peuple abandonnant les maisons, court en troupe toutes
les ruës de la Ville, pour commencer à celebrer la feste
par le commencement de sa foule; qui s'augmentant peu
à peu donnoit de l'estonnement & de l'admiration aux
estrangers.

La Reyne & l'Infante suiuies chacune de sa Cour, furent en la maison de Mr Alexandre vander Goes, comme la
plus commode à voir cette Procession. Toutes deux estoient
assises dans vn balcon, dont l'assiete estoit fort aduanta-
geuse à leur loüable curiosité. Les Filles de la Reyne &
les Dames de l'Infante estoient dans vne grande sale qui re-
gardoit sur la ruë; & au trauers de ses fenestres grillées elles
faisoient autant d'esclaues, qu'elles iettoient de regards.

En effect c'estoit vn extreme plaisir de voir la grande foule de Caualiers qui estoit à l'entour & vis à vis de ces fenestres, mais tous attachez, sans doute, de cœur & de pensée,
aussi bien que des yeux, à l'amour ou à l'admiration de ces
beaux obiects. De moy, i'estimois leur bon-heur sans l'en-
uier, n'ayant pas la veiie assez forte pour supporter l'esclat
de tant de lumieres.

Voicy ce pendant vn foible crayon des pompes pieuses
& des appareils mysterieux de cette Procession. En suitte de
tous les diuers Ordres de Religion, on voyoit vn grand
nombre de chariots chargez de differentes statuës portant
chacune son mystere, ingenieusement expliqué, soit par la
perfection de l'art qui en representoit naiuement la verité
sous diuerses figures, ou par la science des Muses, qui ser-
uoient

..uoient de nouueau truchement aux plus foibles efprits. Ce
qui eftoit fort curieux à voir à ceux mefme qui faifoient
profeffion de mefprifer toutes chofes. Parmy cette foule
de beaux obieéts, qui en paffant iettoient les femences de
leur agreement dans la memoire, pour luy en laiffer le fouuenir, on fe fentoit doucement contraint d'admirer le
chef-d'œuure de l'Induftrie fous la reprefentation du Mont
de Parnaffe, porté par vn grand chariot toufiours roulant.
Phœbus y pareffoit affis fur le thrône du Dieu Mars, & de
la Deeffe Pallas, en action de ioüer de fa lire, ayant a fes
pieds Bellone captiue, comme fon vainqueur : les Mufes
y occupoient leurs places ordinaires, & chacune y tenoit
fa partie dans vn concert de mufique, le plus charmant qui
fut iamais : & deflors que ce chariot fe fut arrefté deuant
la Reyne & l'Infante, i'oüis fi diftinctement la belle lettre
de leurs chanfons, que i'en retins les vers, dont voicy la
copie.

A LA REYNE.

REYNE, combien que vos Neueux
En tous lieux reçoiuent des vœux,
Et dedans tout le monde exercent leurs puiffances,
Quoy-qu'ils foient tous les iours heureux & triomphans,
Comparant leurs grandeurs auec leurs naiffances,
Ils font moins d'eftre Roys que d'eftre vos enfans.

A L'INFANTE.

Parfaict Exemple des Princeffes
Attend bien toft du Ciel l'effect de nos promeffes:
Tu verras les Deftins,
Qui femblent fupporter le party des mutins,
Punir de ces difcors le Chef & les Complices;
Mais de quelque façon qu'ils rompent leurs proiects,
Ils ne fçauroient auoir des plus cruels fupplices,
Que ceux qu'ils ont defia n'eftant pas tes fuiects.

G 3

On

On vit à mesme temps vn superbe chariot de triomphe richement paré, où Cybele mere des Dieux assise dans vn thrône sous vn pauillon argenté, tenoit à sa protection entre ses bras vne fille vestuë d'vn habit bleu en broderie d'or & d'argent, portant la couronne sur sa teste & le sceptre à la main, qui representoit la Reyne. A son costé on voyoit la Fecondité Avgvste, representée par vne ieune femme dont les mammelles estoient pleines de laict, ayant sur son giron vn enfant à demy nud, qui d'vne main la carressoit, & de l'autre tenoit vne corne pleine de fruicts.

C'estoit vne image de la fecondité de la Reyne, comme Mere des trois plus grands Roys de l'Europe, lesquels y furent representez par trois Nymphes: l'vne habillée à la Françoise, l'autre à l'Espagnole, & la troisiesme à l'Angloise, chacune portât le Sceptre & la Couronne, pour marque des Royaumes qu'elles representoient. Ces couronnes estoient enlacées d'vn ruban de soye, qu'Hymenée Dieu des Nopces tenoit en sa main, comme vn signe apparent de l'vnion qu'il desiroit de ces trois Royaumes. Ce Dieu paressoit vestu de blanc, auec vne couronne verte sur la teste, & vn flambeau ardent à la main. On y voyoit encore l'Europe vestuë à l'antique, mais richement; elle estoit assise entre deux cornes d'abondance, remplies de toute sorte de fruicts, pour tesmoigner, que par la Concorde de ces trois Royaumes, elle seroit tousiours florissante.

Au deuant du chariot deux hommes à demy nuds, couronnez de ioncs marins, & appuyez chacun d'vn bras sur vn vaisseau de terre, representoient les deux fleuues de l'Escaut & de l'Arne, sous cet agreable sens que les riuieres d'Anuers & de Florence rapportoient en partie la cause, qu'elles seroient florissantes & pour l'vnion, & pour la paix de ces trois Royaumes.

A costé de cette fille qui representoit la Reyne, estoit l'Esperance Avgvste, parée d'vne longue robe verte,

ayant

ayant les mains pleines d'herbe naiſſante, en ſigne de l'eſpe-
rance qu'on auoit en faueur de ſa Maieſté , que ces trois
Royaumes de l'Europe touſiours vnis , & touſiours floriſ-
ſans , eſtendroient vn iour beaucoup plus loing les bornes
de leur Empire.

Et pour exprimer plus dignement le ſuiet de ce beau
deſſein, & de cette riche inuention , on y auoit adiouſté ces
quatre vers Latins de Virgile , tirez du ſixieſme liure de
l'Eneide :

Felix prole virûm , qualis Berecynthia mater
Inuehitur curru Phrygias turrita per vrbes,
Lata Deûm partu, centum complexa nepotes,
Omnes calicolas , omnes ſupera alta tenentes.

En voicy la traduction:

Heureuſe en tes enfans , à l'eſgal de Cybele ,
Qui marchoit dans Phrygie en ſuperbe appareil,
Embraſſant cent neueux de naiſſance immortelle ,
Tous Dieux , tous eſleuez, au deſſus du Soleil.

Les Bourgeois de la Ville ſe faiſoient admirer en ſuitte
d'vn grand nombre d'autres chariots, qui ſeruoient de theatre à des nouuelles raretez. Ie dy, admirer ; car ils mar-
choient en treſ-bel ordre , & tous eſtoient ſi richement armez, & ſi ſomptueuſement veſtus, que le moindre euſt peu
paſſer pour Capitaine à ſon habit & à ſa mine.

La Reyne & l'Infante receurent beaucoup de contentement à voir les pompes de cette feſte , où la reſioüiſſance
publique eſt vn des plus riches ornemens. Et ſortant hors
du balcon , où elles auoient pris place, pour rentrer dans la
chambre, elles y treuuerent vn ſuperbe feſtin qui les atten-
doit:en quoy Meſſieurs du Magiſtrat firent pareſtre de nouueau la grandeur de leur zele par celle de leur magnificence.
Les Dames furent traictées auſſi auec tant de ſplendeur &
de ſomptuoſité , qu'elles fouloient par force les confitu-
res, ne pouuant marcher autrement ; car l'abondance y fut

ſi grande,que tout le plancher de la ſale en eſtoit couuert.

Ie veux vous faire le recit maintenant d'vn nouueau feſtin de pieté,où le R.Pere Souffran inuita toutes les ames deuotes dans la maiſon du Seigneur ; ie veux dire dans l'Egliſe des Peres Ieſuiſtes, le lendemain, iour de la Natiuité noſtre Dame, où il fit deſſein de preſcher. Mais auant qu'il face couurir les tables des mets de la parolle de Dieu,ou pluſtoſt ſelon le ſens de l'allegorie, auant qu'il monte en chaire, ie m'efforceray de vous repreſenter auec le pinceau de ma plume les ſainctes raretez & les adorables merueilles du pretieux baſtiment de cette belle Egliſe.

Son aſſiete eſt au milieu de la Ville,pour en rendre l'abord & plus frequent & plus commode à tout le peuple. Sa faciade eſt de pierre de taille blanche,où l'on voit les trois ordres de l'architecture,Dorique, Ionique, & Compoſite, chacun dans ſon eſclat & dans ſa perfection , comme enrichis de leurs colomnes & de leurs corniches,remplies de diuerſes figures en relief.Les friſes du premier ordre ont leur ornement de triglifes , celles du ſecond de brancages, & les autres du troiſieſme de carteles . Mais la ſubtille main de l'artiſan a graué dans cet ouurage autant de merueilles qu'il a donné de coups de marteaux : de ſorte que l'admiration ſe rend auſſi inſeparable de la matiere que la forme.

Le dedans de l'Egliſe eſt de marbre ; & la voute à compartimens , enrichie de trois cens roſes de cuiure doré ,qui ſortent hors d'œuure; eſt aſſiſe dans les deux ordres de Dorique & de Ionique,ſur quarante piliers de marbre blanc ; qui comme autant de glaces de miroir bien polies retenant les eſpeces de tous les obiects qui leur ſont preſentez,rendent les corps ialoux de la beauté de leurs ombres. Ces piliers ſont rangez l'vn ſur l'autre en forme de double gallerie,& la plus haute a ſes balluſtres, & leurs ſufites egalement ornées de tableaux de la main de ce nouueau Apelle, ie veux dire de Monſieur Rubens, auec des feſtons & des bordures ſurhauſſez

hauſſez d'or , iettent vn eſclat merueilleuſement beau.

Le grand Autel eſt de marbre de toute ſorte de couleurs; mais l'aſſemblage de leurs diuerſitez a eſté tellement con-certé par le maiſtre qui l'a fait, que dans leur difference ap-parente toutes ſe rapportét enſemble,pour repreſenter à ſon iour la perfection de l'art. A chaſque coſté de l'Autel il y a vne Chappelle de meſme matiere , où l'induſtrie touſiours feconde en ſes inuentions ſe fait admirer des plus ingenieux. Sur le milieu de l'Egliſe il y a auſſi deux autres Chappelles, placées hors des eſpaces de ſon eſtenduë; l'vne conſacrée à la Vierge, & l'autre à ſainct Ignace. Les voutes ſont de pier-re blanche, taillée en figures de relief ; mais ſi hardiment, que l'ouurage ſe deſtache en apparence de luy meſme, pour deceuoir les eſprits par les yeux. Les deux autels ſont enri-chis des deſpoüilles de quelque fameuſe carriere de mar-bre , dont la politeſſe eſclatante fait admirer par force les appas de ſa beauté inſenſible & inanimée.

Ce beau Temple ialous de ſes propres magnificences, ne permet point au Soleil d'y entrer à toutes les heures du iour: & quoy qu'il y face iour pourtant, la lumiere en eſt vn peu ſombre; comme ſi tous les precieux obiects qu'on y admi-re , diſputant auec elle meſme la lueur & l'eſclat luy en oſtoient vne partie, ne pouuant gaigner le prix.

Ce fut en ce ſainct lieu que le R. Pere Souffran preſchant en preſence de la Reyne & de l'Infante, & deuant vn mon-de de peuple, le iour de la Natiuité de la Vierge, fit des mi-racles à ſon ordinaire. Ie dy , des miracles, puis que par le ſeul effort de ſa voix,animée de charité , il fit ſourdre mille ruiſſeaux de larmes d'autant de cœurs de roche. Ie ne vous en diray pas dauantage, pour vous laiſſer la meditation de cette importante verité.

Quelques iours apres ſa Maieſté fut inuitée d'aſſiſter à la repreſentation d'vne Tragedie dans le College des meſmes Peres Ieſuiſtes, ſitué à vne extremité de la Ville, où elle ſe

H   treuua

treuua auec toute ſa Cour. On luy auoit preparé vn theatre couuert & richement paré, afin qu'elle fuſt à labry de la
foule du peuple, auſſi bien que les Dames de ſa ſuitte. Ie ne
vous entretiendray point maintenant du ſubiect de la Tragedie, quoy que tres-beau en ſon inuention, & plus admirable encore en ſes diuerſitez: il me ſuffit de vous dire, que les
acteurs en eſtoient tous excellens, que leurs habits eſtoient
tres-riches, & que les interuales des actes s'eſcouloient delicieuſement au ſon d'vn nombre infini d'inſtrumens, qui
charmoient les ennuis des plus melancholiques. Le theatre changeant encore diuerſes fois de viſage par vn ſecret
artifice, deceuoit les eſprits; apres auoir trompé les ſens, pro-
duiſoit de nouueaux plaiſirs, qui tirant vanité de leur cauſe,
comme merueilleuſe, ſe faiſoient admirer auec eſtonnement, auant que ſe laiſſer gouſter auec auidité. On y danſa
auſſi pluſieurs balets, où l'agilité, la bonne grace, iointes à
la magnificence des habits, tirerent des loüanges de la bouche des plus meſdiſans en faueur de ceux qui eſtoient de la
partie. En fin tout reüſſit à l'aduantage de Meſſieurs les Ieſuiſtes, puis que ſa Maieſté fut tres-ſatisfaite de cette action,
comme y ayant receu beaucoup de contentement.

De moy, ie ne puis celer l'honneur qui leur eſt deu; car
ils ſe rendent tellement conſiderables, ſoit pour leur Pieté ſi
apparente, ſoit pour leur doctrine ſi charitable, ſoit pour leur
profeſſion ſi neceſſaire & ſi vtile, que l'enuie cômence à guerir de ſa rage, n'ayant plus de dents pour les mordre. Il n'eſt
point de Compagnie dans tous les Ordres de l'Egliſe mili-
tante qui aye arboré plus loin l'eſtendart de la Croix, que
celle-là. L'Europe, l'Aſie, & l'Afrique, ont tout à la fois ſer-
uy egalement & d'echaffaut à leur martyre, & de theatre à
leur gloire; comme ſi Dieu leur auoit donné pour preroga-
tiue par deſſus tous les autres, vne grace de feruuer, de zele,
& de courage, puis que leur Societé porte ſon meſme nom,
auſſi bien que ſes armes. Ce n'eſt pas icy le lieu où i'ay fait
deſſein

deſſein de m'eſtendre plus auant ſur vn ſuieƈt ſi digne : ma
viſée eſt trop loing, & cette carriere eſt trop courte : venons
du general au particulier.

Monſieur de Chantelouue, Preſtre de l'Oratoire de Iesvs,
fit voir publiquement, en ſuiuant ſa Maieſté à Anuers, que
la paſſion particuliere qu'il a pour ſon ſeruice, eſtoit le plus
ſçauant medecin qu'il euſt ſceu conſulter pour le guerir de
ſa maladie, puis que ſon zele & ſa generoſité luy donnent
egalement, & la force & le courage d'entreprendre ce
voyage. Et apres vous auoir aſſuré, que toute ſa vie paſſée
n'eſt qu'vne hiſtoire de fidelité, de valeur, & de ſageſſe ; ſa
retraite maintenant & ſa profeſſion iointes à toutes ces vertus, dont la longue habitude s'eſt changée en nature, vous
ſeruiront de leçon pour apprendre le nom propre de ſon
merite. Ie pourſuis mon hiſtoire.

La Reyne eut enuie de voir cette belle Imprimerie Plantinienne, dont Monſieur Balthaſar Moretus, petit fils de
Chriſtophle Plantin, ſouſtient & appuye de ſon ſeul merite
la renommée, la rendant auſſi floriſſante que iamais, & par
ſon ſçauoir & par ſes veilles. Vous lirez aux pages ſuiuantes
les Eloges Latins & François, que ſon bel eſprit conceut,
en faueur de ſa Maieſté & de ſon Alteſſe, pour recognoi-
ſtre en quelque façon l'honneur qu'il receuoit de ces deux
grandes Princeſſes.

MARIAE

REGINAE CHRISTIANISSIMAE,

TRIVM REGVM MAXIMORVM

MATRI,

QVAM

DISSENSIONIS QVÆDAM NVBES
DEO MELIOREM IN FINEM PERMITTENTE
IN FILII REGNO EXCITATA
AD GENERI PROVINCIAS DEDVXIT,
VT SERENO SVO ET FLORENTINO VVLTV
DEFLORESCENTEM BELLO BELGICAM
RECREET ATQVE ILLVSTRET,

OFFICINA PLANTINIANA,

TANTAE MAIESTATIS CORVSCANS LVMINE,
VENERABVNDA APPLAVDIT;
ET
MOX GALLIA BELGICAQVE PACATIS
PACIFICATRICIS LAVREA
IN FILII REGNO CORONANDÆ
BENE OMINATVR, FELICITER ACCLAMAT,
IV. IDVS SEPTEMBR. ANNI M. DC. XXXI.

A LA REYNE TRES-CHRESTIENNE
MARIE,
MERE DE TROIS ROYS
LES PLVS GRANDS DV MONDE,

QV'VN NVAGE DE DISSENSION
ESLEVE' DANS LE ROYAVME DE SON FILS,
DIEV L'AYANT PERMIS POVR VNE MEILLEVRE FIN,
A MENE' DANS LES PROVINCES DE SON GENDRE,
POVR RESIOVIR ET ILLVSTRER
AVEC SA FACE SEREINE ET FLORENTINE
CELLE DE LA FLANDRE DESCOLOREE PAR LES GVERRES,
L'IMPRIMERIE PLANTINIENNE,
BRILLANTE DES RAYONS D'VNE SI GRANDE MAIESTE',
APPLAVDIT EN TOVT RESPECT;
ET
LVY AVGVRE EN BREF, ET LA FELICITE DES A PRESENT
DV BEAV LAVRIER DE PAIX,
DONT ELLE SE VERRA COVRONNEE AV ROYAVME DE SON FILS
APRES LA PACIFICATION DES TROVBLES
DE FRANCE ET DE FLANDRES:
LE X. SEPTEMBRE DE L'AN M. DC. XXXI.

SERENISSIMAE PRINCIPI

ISABELLAE

CLARÆ EVGENIÆ

HISPANIARVM INFANTI,

ALBERTI PII

AETERNAE MEM. ARCHIDVCIS

VIDVAE SANCTISSIMAE,

BELGARVM ET BVRGVNDIONVM

DOMINAE SAPIENTISSIMAE,

QVAM

PIETAS DEO, BONITAS HOMINIBVS,

GRATISSIMAM EFFECIT;

CVIVS AVSPICIIS ET CONSILIIS

BELLO FELICITER FINITO

OPTATAM OMNES PACEM EXSPECTANT;

OFFICINA PLANTINIANA,

SERENITATIS EIVS RADIIS ILLVSTRATA,

OMNEM TERRÆ FELICITATEM,

SVMMAM CÆLI BEATITVDINEM

VENERABVNDA APPRECATVR,

IV. IDVS SEPTEMBR. ANNI M. DC. XXXI.

A LA SERENISSIME PRINCESSE

ISABELLE

CLAIRE EVGENIE,

INFANTE D'ESPAGNE,

VEFVE TRES-RELIGIEVSE

DV SERENISSIME ARCHIDVC

ALBERT LE PIEVX

D'ETERNELLE MEMOIRE,

PRINCESSE TRES-PRVDENTE

DES PAYS BAS ET DE BOVRGONGNE,

CHERIE DE DIEV POVR SA PIETE'

ET DES HOMMES POVR SA BONTE',

DONT LA SAGE CONDVICTE ET BONS CONSEILS

FONT ESPERER A CHACVN LA FIN DE LA GVERRE

ET LE RETOVR DE LA PAIX TANT DESIREE;

L'IMPRIMERIE PLANTINIENNE,

HONNOREE DE LA PRESENCE ROYALE DE S. A.

SOVHAITE AVEC VN GRAND RESPECT

LE COMBLE DES PROSPERITEZ DE LA TERRE

ET DES FELICITEZ DV CIEL,

LE X. SEPTEMBRE DE L'AN M. DC. XXXI.

La Reyne & l'Infante receurent à faueur ce petit present, considerant son prix par l'ardeur du zele de celuy qui
le faisoit. Et il faut aduoüer qu'il excelle autant en vertu
qu'en sa profession, se rendant admirable en l'vne, & inimi-
table en l'autre.   Ie vous suis tousiours.

On auroit sans doute de la peine à croire la presse qu'il
y auoit tous les iours à voir disner & souper la Reyne. La
grande sale du corps de garde, celle des Suisses, & toutes
les premieres chambres d'entrée estoient si remplies de peuple, que souuent l'heure du disner de sa Maiesté estoit re-
tardée, ne pouuant treuuer passage pour la viande, qu'à force de temps & de cris. La curiosité d'admirer cette sage Princesse, s'estoit changée tout à coup en vne si forte passion
d'impatience en l'attente de ce bonheur, que les Dames se
precipitoient dans le peril de la foule, au hazard de deschi-
rer leurs huques, de gaster leurs rabats, & de mettre au pil-
lage toutes les graces d'affeterie, que leur soing & leur pa-
reure leur auoient donné ce iour là.

Pour les Bourgeois, ils ne se soucioient pas de ieusner tout
vn iour, pourueu qu'ils vissent durant vn moment cette
grande Reyne. Mais le plaisir estoit à considerer l'action de
ces Dames, lors qu'elles estoient entrées: car ayant abordé le
port, elles ne se souuenoient plus de la tempeste; ou si elles
en conseruoient le souuenir, ce n'estoit qu'à dessein d'accroistre leurs douceurs par cette amertume; s'estimant heu-
reuses d'auoir souffert cette petite incommodité, pour ioüir
d'vn si grand contentement, que de voir cette vertueuse
Princesse, dont la Maiesté vrayement Royale faisoit naistre
tout à coup dans les ames l'amour & le respect, l'admiration
& l'estonnement.

Ie remarquois encore la ruse d'vn grand nombre de Peintres, qui sous pretexte de voir disner la Reyne, desroboient
ingenieusement d'vn subtil pinceau tous les traicts de son
visage, pour s'enrichir par la vente qu'ils en feroient dans
tous

tous les portraits des Dames, fçachant bien qu'on ne pouuoit repreſenter la beauté, la douceur, & la grace, que par
ſes meſmes traicts qui rauiſſoient reſpectueuſement tout le
monde. Mais quoy que ce larrecin ſecret fuſt accompagné
de temerité, voulant peindre le Soleil auec vn charbon, ie
loüios leur audace ; puis que d'vn genereux oſer, le tombeau en eſt touſiours glorieux.

Monſieur le Comte de Noyelle traictoit à ſon ordinaire
toute la Cour, tenant table ouuerte pour tous les Seigneurs,
& pour tous les Gentilhommes qui y vouloient aller. Et ce
qui eſtoit conſiderable auec admiration dans ces feſtins,
c'eſtoit la magnificence continuelle, qui pareſſoit tous les
iours auec vn meſme eſclat & auec vn meſme ordre. Ie ne
prens pas ces veritez à teſmoin pour loüer M[r] le Comte
de Noyelle, ſon merite l'eſleue ſi haut par deſſus ces petis
employs, & le rend capable de ſi grandes choſes, qu'il faudroit changer & de ſubiect & de langage, pour en parler
plus dignement ?

Sa Maieſté fut curieuſe de s'aller pourmener par la Ville,
ſans autre deſſein que celuy de voir la beauté des ruës, qui
en effect ſont autant de galleries de plaiſir & de pourmenade; car le paué en eſt ſi vny & ſi net, qu'on ne ſe treuue point
incommodé, quelque temps qu'il face, ny de la boüe, ny de
la pouſſiere. Mais ne vous eſtes vous iamais rencontré dans
quelque beau iardin, où vn grand nombre d'allées ſe pre-
ſentant à vos yeux tout à la fois, vous attiroient egallement
ſous la fraiſcheur de leurs ombrages; demeurant de la ſorte
en ſuſpens dans vne agreable irreſolution, pour vous deter-
miner au chois ou de l'vne ou de l'autre ?

La Reyne fut en ce point diuerſes fois, durant ſa pourmenade, ne ſçachant quel chemin tenir dans le dedale des plus
belles ruës du monde: car ſi l'vne luy pareſſoit agreable en ſa
longue eſtenduë; l'autre ne luy plaiſoit pas moins en ſes larges eſpaces; & ſi celle-là attiroit ſes regards à l'admiration

I

de

de ſes baſtimens, celle-cy auoit des noumeaux obiects qui luy
donnoient d'autres plaiſirs. Tellement que de quelque coſté
qu'elle allaſt , elle treuuoit touſiours le chemin tapiſsé de
fleurs, comme paré de mille ſortes de diuertiſſemens.

En effect il faut aduoüer, que c'eſt vne des plus belles Villes de l'Europe : & ie treuue ce ſeul defaut en ſa grande renommée, qu'elle ne l'eſt pas encore aſſez , puis que tout ce
qu'on en peut dire , eſt beaucoup moins que ce qui en eſt.
De vous entretenir de la bonté & la douceur de ſon peuple,
la longue experience que i'en ay faite, au nombre de beaucoup d'autres, me donne l'enuie d'en laiſſer au public vn volume entier, pluſtoſt que ces lignes. Mais comme le temps
& mon peu de loiſir m'en oſtent le moyen, il me ſuffit de
publier & de ſouſtenir, que ce peuple eſt le plus charitable
aux eſtrangers, le plus zelé en ſa religion, & le plus obeiſſant
à ſon Prince, qu'autre que i'aye iamais veu du merite des ha-
bitans. Ie viens encore à la beauté de la Ville.

Ses remparts ſont auſſi renommez en beauté , que ceux
de Babylone l'eſtoient en force & en longue eſtenduë : car
imaginez vous, que le grand nombre d'arbres plantez en
ligne, qui de leurs eſpais fueillages couurent de tous coſtez
trois larges allées, font vn beau parc à l'entour de la Ville. Et
c'eſt vn extréme plaiſir de voir les deux allées des extremi-
tez remplies de peuple, & celle du milieu d'vn nombre infini de carroſſes, pleines de Caualiers & de Dames, comme
vn lieu affecté pour le cours, & pour la pourmenade. Et
quoy que la preſſe & la foule y ſoit grande, ces trois allées,
qui font trois chemins ſeparez, donnent la liberté à vn chacun d'y prendre ſes eſbats à labry du ſoleil, ſans y receuoir
nulle ſorte d'incommodité.

La Reyne ſe pourmenoit ſouuent en carroſſe dans ces belles allées, d'où deſcouurant vne campagne à perte de veüe
ornée de foreſts, de prez, & de riuieres, cette diuerſité d'obiects luy faiſoit touſiours treuuer trop court le long chemin
de

de la pourmenade. Elle euſt pris ſans doute ce beau lieu pour les Thuilleries, ſi la preſence du Roy, qu'elle ayme vniquement, en euſt eſté le Louure: mais en ſa ſeparation elle cherche les plaiſirs dans les plaiſirs meſme. Ie change de diſcours, ſans m'eſloigner de mon ſubiect.

Monſieur de Baradas ſe trouuant eſloigné du Roy par vn crime de malheur, dont il portoit encore la peine, ſe reſolut apres auoir donné du diuertiſſement à ſon courage dans les guerres d'Italie, de venir ſeruir en Flandre deux Maiſtreſſes tout à la fois, ie dy, la Reyne & Madamoiſelle de Creſſia; en quoy il fit pareſtre & ſa generoſité & ſon amour, s'acquitant de ſon deuoir enuers ſa Maieſté, & de ſa promeſſe enuers celle qu'il ayme le plus au monde, comme vne des plus aymables qui fut iamais. Leurs merites m'impoſent ſilence, eſtant beaucoup plus eloquens que ma plume. Voicy des nouueaux eloges.

Le Reuerend Pere le Ieune, Ieſuiſte, fit des merueilles à ſon ordinaire, en preſchant deuant ſa Maieſté & ſon Alteſſe le iour de l'Inuention ſaincte Croix dans l'Egliſe de noſtre Dame. Son zele, ſa pieté, ſa doctrine, & ſon eloquence egalement admirables firent eſclater bien haut le bruict de ſes loüanges : & ce deuoir que ie rends à ſa vertu, n'eſt qu'vn echo de leur reſonnement.

Monſieur l'Abbé de S. Germain fit auſſi vne tres-belle action, en preſchant deuant la Reyne & l'Infante dans l'Abbaye de S. Michel le iour de ſa feſte. De vous repreſenter la grandeur de ſon merite par celle de ſon eloquence, & moins encore la bonté de ſon eſprit par celle de ſa plume, ces comparaiſons ſeroient trop foibles pour des obiects ſi puiſſans : car s'il parle bien, il faict encore mieux; & quoy qu'il eſcriue encore doctement, ſes vertus ſont touſiours plus admirables que ſes eſcrits : de ſorte que les plus iuſtes loüanges qu'on luy ſçauroit donner, c'eſt de confeſſer qu'il eſt eſleué au deſſus de toutes enſemble. Ie vay touſiours plus auant.

I 2

La

La Reyne & l'Infante ſe viſitoient reciproquement de iour à autre, treuuant touſiours dequoy ſe conſoler egalement en leur doux entretien; & ſans mentir, le ſeul obieƈt de leurs preſences Royales donnoit de la conſolation à tout le monde, s'imaginant auec beaucoup de raiſon, que de l'aſſemblée & de l'vnion de tant de vertus, il n'en pouuoient naiſtre que de bons conſeils & de ſemblables reſolutions.

Ces deux Princeſſes s'eſtudiant tous les iours à inuenter des nouueaux teſmoignages d'amitié pour ſe carreſſer d'vne affeƈtion mutuelle, firent vn nouueau deſſein de diſner enſemble. La Reyne fut la premiere qui traiƈta l'Infante auec toute la magnificence que le lieu pouuoit contenir, & que le temps luy pouuoit permettre : mais la pompe n'eſclatoit qu'en graces, qu'en douceurs, & qu'en des nouueaux appas de demonſtration d'amitié, dont ces deux Princeſſes ſe carreſſoient continuellement à l'enuy l'vne de l'autre.

L'Infante voulut auſſi traiƈter la Reyne à ſon tour; & ie m'imaginay dans la conſideration des ceremonies qui furét obſeruées en ce feſtin, que c'eſtoit touſiours ELISABETH, qui dans ſa petite maiſon feſtoyoit MARIE : & d'allieurs n'eſtant ſeruies que par des Anges en beauté & en innocence, dans vn lieu ſolitaire, où le ſoleil meſme n'oſoit entrer ſans eſpurer ſes rayons, ie me ſentois forcé de prendre cette belle apparence de verité, pour la verité meſme. Ie vous laiſſe à penſer, ſi les obieƈts n'eſtoient pas aſſez puiſſans pour m'en faire conceuoir l'opinion. Allons touſiours plus auant.

La Reyne eut la curioſité de voir toutes les belles & riches peintures qui ſont dans la maiſon de Monſieur Rubens. C'eſt vn homme dont l'induſtrie, quoy que rare & merueilleuſe, eſt la moindre de ſes qualitez : ſon iugement d'Eſtat, & ſon eſprit & gouuernement l'eſleuent ſi haut

au

au deſſus de la condition qu'il profeſſe, que les œuures de
ſa prudence ſont auſſi admirables que celles de ſon pinceau. Sa Maieſté receut vn extreme contentement à contempler les merueilles animées de ſes tableaux: dont l'admiration, ſans doute, doit auoir broyé elle meſme les couleurs; puis qu'on ne ſe laſſe iamais d'en admirer la beauté
& la perfection.

Mais ſi faut il que ie publie en faueur de la verité, que
Monſieur van Dijck à remporté le prix ſur tous les plus
grands Peintres, qui d'vne main touſiours trop hardie ont
oſé tirer la Reyne: car, ſans mentir, l'art ne nous ſçauroit
iamais repreſenter la Maieſté en ſon thrône, que dans le
nouueau portraict qu'il en a faict. On tient qu'Apelles
deſroba les plus beaux traits de diuers viſages, pour en de-
peindre vn parfaitement beau ſous le nom d'Helene: mais
ce Peintre plus ingenieux nous fait voir auiourdhuy dans
le ſeul portraict de la Reyne toutes les beautez du monde,
ſans deſrober rien à la nature, que l'inuention de faire ado-
rer ſon art. Sa Maieſté luy fit l'honneur d'aller chez luy,
où elle vid dans la ſale le cabinet de Titian: ie veux dire,
tous les chefs d'œuures de ce grand Maiſtre. Mais i'oſe
ſouſtenir, ſans flatterie, que Monſieur van Dijck partage-
ra bien toſt auec luy la gloire de ſa renommée: car ſi cet ex-
cellent Peintre a eſté l'ornement de ſon ſiecle, celuy-cy
eſt la merueille du ſien. Allons à la fin.

Monſieur le Marquis de ſaincte Croix, s'eſtudiant touſiours d'honnorer la Reyne par toutes ſortes de reſpects &
de ſoubmiſſions, luy demandoit le mot de l'armée: &
quoy que ce fuſt du commandement de l'Infante, il s'en ac-
quitoit de ſi bonne grace, qu'il rehauſſoit de beaucoup le
prix de cette action.

Monſieur le Sargent Maior faiſoit tous les iours le meſ-
me, demandant le mot de la garde ordinaire de la Ville à ſa
Maieſté: & toutes les fois qu'elle ſortoit, vne Compagnie
I 3   d'Eſpa-

d'Espagnols se treuuoit rangée en haye de deux costez de la bassecour de l'Abbaye, où elle montoit en carrosse. Et cette mesme Compagnie estoit iour & nuict en garde dans la premiere sale de l'entrée; & la plus proche sentinelle du departement où logeoit la Reyne, estoit choisie entre les Alferes reformez, selon la coustume qu'on obserue en la garde des Roys. De sorte qu'on estoit grandement exact à s'acquiter enuers sa Maiesté de tous les plus humbles deuoirs qu'on pouuoit luy rendre.

La Reyne voulut voir, auant que partir, la Citadelle de cette belle ville d'Anuers; où elle fut receüe, non point au bruict des canons ny des mousquets, mais au son de mille agreables instrumens, dont la melodie ne parloit à sa façon que de paix & de resioüissance. Elle y receut autant d'honneur qu'elle y apporta de contentement; car les soldats deuindrent tout à coup sentinelles, pour guetter au passage les douceurs & les graces qui accompagnent inseparablement sa Maiesté, à dessein de les pouuoir admirer à leur aise. Mais à sa sortie, les canons ialous des instrumens en firent cesser la melodie à force de bruict, dont l'effroy & l'espouuante faisoient trembler la terre. Ne vous ennuyez pas; me voicy tantost au bout de la carriere.

Il faut aduoüer que Monsieur d'Andelot parut glorieusement zelé, & genereusement soigneux à suiure tous les sentimens de l'Infante, dans le dessein qu'elle auoit de donner toute sorte de satisfaction à la Reyne: car, soit dans l'ordre des commandemens qui pouuoient contribuer quelque chose au contentement de sa Maiesté, soit dans les tesmoignages particuliers de son affection à son seruice, il ne pouuoit iamais souffrir de compagnon. Ce n'est pas que ie vueille limiter les loüanges qui luy sont deües du merite de ces actions; toutes celles de sa vie ont chacune leur prix & leur vertu, dont ma plume sera bien tost la trompette.

Ie me souuiens encore de vous dire, que la Reyne fit vne
heu-

heureufe rencontre de Monfieur Deflandes dans les villes du
Pays-bas, pour s'en feruir en la charge de Secretaire de fes
commandemens.   Ie dy, heureufe, parce que l'ambition &
l'intereft qui font les deux plus puiffans ennemis de la con-
fcience, n'ont iamais peu donner aucune atteinte à la fienne.
Ce qui me fait croire, qu'il n'aura iamais d'autres ennemis,
que ceux qui le font de la vertu.   Ie me veux acquiter encore de ce que ie dois à la verité.

Monfieur l'Abbé de fainct Germain fe fit admirer de nouueau dans la nouuelle Eglife des Carmes defchauffez, où il
prefcha le iour de faincte Therefe en prefence de la Reyne, de l'Infante, & d'vn monde de peuple : & comme le fub-
iect de fon fermon eftoit de l'amour diuin, les traicts de fon
eloquence en furent les fleches qui blefferent mille cœurs;
& l'ardeur de fon zele, le feu dont il embrafa les ames. Ie ne
fçaurois iamais me laffer de loüer en luy tant de vertus enfemble.

La Reyne fe plaifoit grandement dans cette ville d'Anuers, comme vn lieu de foire ordinaire, pour l'admiration
des plus belles chofes du monde : d'ailleurs la douceur du
peuple, le temperament de l'air, & l'affiete de l'Abbaye de
S. Michel, où elle eftoit logée, eftoient autant d'appas differens pour luy en faire cherir la demeure.

Mais ie ne m'eftonne pas, fi les Roys & les Princes Souuerains du Pays affectoient le logement de cette Abbaye de
S. Michel, puis que la pieté & la vie exemplaire des Prelats
& des Religieux, y font pleuuoir de tous coftez en abondance les graces & les benedictions du ciel.

Cette Abbaye eft vne des premieres & des plus fameu-
fes de l'Ordre de Premonftré, comme fondée l'an 1122. par
S. Norbert Patriarche dudit Ordre, pour vne marque eternelle de la victoire qu'il remporta fur les ennemis de la Foy
dans la mefme ville d'Anuers. Et depuis le iour, trois fois
heureux de ce triomphe, Dieu a toufiours peuplé cette Ab-

I   4   baye

baye d'vn grand nombre de vertueux & faincts Prelats,
comme auffi de deuots Religieux ; dont la doctrine & la
pieté egalement admirables combattoient tous à la fois &
le vice & l'herefie; l'vn par les bonnes actions, & l'autre par
les charitables remonftrances. Ie ne veux point authorifer
ces veritez fi cognuës d'autre preuue que de celle du merite
du tres-reuerend Prelat , qui apres tant de fameux deuan-
ciers fouftient & appuye auiourdhuy de fa feule vertu
leur chere renommée. Si tous les Abbez du fiecle le reffem-
bloient,les Religieux auroient des beaux exemples pour bien
viure.

Entre les plus remarquables antiquitez qui fe treuuent
dans l'Eglife de cette Abbaye , celle du Tombeau de feu
Dame Ifabelle de Bourbon , efpoufe de Charles le Har-
dy Duc de Bourgongne, y paroift au milieu; dans vn fu-
nefte efclat, comme enrichy d'vne magnificence effroya-
blement fuperbe , où la mort s'eft faict peindre de tous
coftez.

C'eftoit dans cette Eglife où la Reyne entendoit Meffe
tous les iours, & où tous les iours auffi vne partie du peuple
s'affembloit, pour eftre encore tefmoins de la pieté de cette
grande Princeffe, apres auoir efté admirateurs de toutes fes
autres vertus.

Voicy en fin le iour du depart de la Reyne & de l'Infante,
pour s'en retourner à Bruxelles: iour trifte & beau tout enfemble, où le foleil caché fous mille petites nuées fombre-
ment claires fe faifoit voir fans qu'on le vift, d'vne façon
delicieufement trompeufe.

L'impatience des matelots en l'attente des precieux tre-
fors, dont ils doiuent charger leurs fregates & leurs chaloupes , me force de vous dire que fa Maiefté & fon Alteffe
font defia en chemin pour s'aller embarquer; & que tous
les Bourgeois de la Ville paroiffent en armes fur le riuage, en
action de vouloir remercier ces deux grandes Princeffes, par
les

les complimens ordinaires de leurs mousquets, de l'honneur
de leur chere visite ; comme ils font deslors qu'elles entrent
dans la magnifique fregate, que Messieurs de la Ville leur
auoient preparée. Les canons voulant estre de la partie, se
firent oüir; mais non pas de loing, parce que le Zephire
qui estoit en regne sur l'onde, n'auoit pas la force de ses
freres, pour en porter le bruiȼt par ses boufées, aux lieux les
plus escartez. Ce qui reüssit heureusement sans doute selon les vœus du peuple, n'estant pas bien aise que les nouuelles de ce depart fussent sceüs de leurs voisins, puis qu'elles interessoient si fort leur contentement.

Ie ne vous fais pas vn long recit des honneurs qu'on
rendit à sa Maiesté & à son Altesse sur le point de leur
embarquement, parce que tout le monde paroissoit si tri-
ste, que la magnificence en portoit le dueil.

Les carrosses les attendoient à VVillebroeck, où elles dis-
nerent dans la mesme maison de Monsieur de la Faille, de
qui i'honnore particulierement le merite : & le mesme iour
elles arriuerent à Bruxelles.

De vous dire maintenant auec quelles acclamations de
ioye ces deux Princesses y firent leur nouuelle entrée, vos
esprits seront plus feconds que ma plume, pour vous en
donner des pensées plus agreables que mes discours. N'at-
tendez de moy qu'vn second volume, si le vent ne change,
ou que la pluye ne cesse.

Ie m'estois proposé de vous laisser quelque foible crayon
des merites de son Altesse à la fin de ce Liure ; mais ie suis
forcé de me taire, pour auoir trop de subiect de parler. Quelle apparence aussi de dire à la Vertu qu'elle est elle mesme,
& d'entreprendre sur ses immortelles actions à vous faire le
portraiȼt de sa vie toute pareille? Il me suffit de vous ramenteuoir que le soleil a moins de rayons esclatans, que cette
Princesse n'a de qualitez adorables ; & que ce bel astre encore, quoy que tout de lumiere, esclaire moins le monde de

ses

ſes regards, que cette chere Infante de ſes vertus. Sans mentir, ſes merites l'eſleuent à vn ſi haut degré d'eminence,
qu'on ne ſçauroit plus faire des ſouhaits ny des vœus pour
l'accroiſſement du nombre de ſes perfections, puis qu'elle
les poſſede toutes enſemble. Mais ma plume volle trop
haut, ie commence deſia à la perdre de veüe: tellement que
pour expier le crime de ſa temerité, i'adreſſe mes vœus au
ſilence.

F I N.

APPROBATION.

I'Ay leu auec beaucoup de satisfaction cette Histoire de l'Entrée de la Reyne Mere du Roy Tres-chrestien dans les villes des Pays-bas, de l'industrie du Sr de la Serre Historiographe de France; où ie n'ay rien treuué que d'admirable, soit pour la richesse de l'inuention, ou pour la beauté de l'eloquence, faisant paroistre egallement la verité dans son esclat, & l'affection d'vn peuple zelé en sa plus viue ardeur; mais dans les termes de la Foy Catholique Apostolique & Romaine. Ce que ie soustiens sous l'authorité de mon seing & de ma charge. A Anuers ce XXVI. de Decembre M. DC. XXXI.

Zegerus van Hontsum, Chanoine & Penitentier d'Anuers, Censeur de Liures.